RHODOS

Herausgeber: Redaktion des Berlitz Verlags

Copyright © 1976 by Editions Berlitz,
a division of Macmillan S.A.,
1, av. des Jordils, 1000 Lausanne 6, Switzerland.

All rights reserved. No part of this book may be reproduced or transmitted in any form or by any means, electronic or mechanical, including photocopying, recording or by any information storage and retrieval system without permission in writing from the publisher.

Berlitz Trademark Reg. U.S. Patent Office and other countries – Marca Registrada.

Printed in Switzerland by Weber S.A., Bienne.

**11. Auflage
Ausgabe 1984/1985**

Wichtiges auf einen Blick

- Einen ersten Eindruck von Rhodos und seinen Bewohnern erhalten Sie ab Seite 6 und im Kapitel Geschichtlicher Überblick, Seite 11.
- Die Sehenswürdigkeiten werden auf den Seiten 21 bis 69 besprochen. Was Sie unserer Meinung nach unbedingt sehen sollten, ist am Rande mit dem Berlitz Symbol gekennzeichnet.
- Unterhaltungsmöglichkeiten, Einkaufstips und Tafelfreuden stehen auf den Seiten 70 bis 96.
- Nützliche Informationen und Hinweise für die Reise finden Sie ab Seite 97 mit einer alphabetischen Übersicht auf Seite 102.
- Und möchten Sie ganz schnell eine Einzelheit wissen, schlagen Sie im Register auf den Seiten 126 bis 128 nach.

Alle Informationen in diesem Buch sind sorgfältig recherchiert und überprüft worden, erfolgen aber ohne Gewähr. Der Verlag kann für Tatsachen, Preise, Adressen und allgemeine Angaben, die fast ständig von Änderungen betroffen sind, keine Verantwortung übernehmen, Berlitz Reiseführer werden regelmäßig auf den neuesten Stand gebracht, und die Redaktion ist für Berichtigungen, Hinweise und Ergänzungen dankbar.

Text: Steve Leonard und Bob Fresh
Deutsche Fassung: Barbara Crole-Rees
Fotos: Geraldine Kenway und Christopher R. Mascott
Wir danken hiermit besonders Michael Lambrou und Vicky Nicolopoulou für ihre Hilfe bei der Vorbereitung dieses Reiseführers. Unser Dank gilt ebenfalls der Griechischen Zentrale für Fremdenverkehr.
Kartografie: Falk-Verlag, Hamburg, in Zusammenarbeit mit Cartographia, Budapest.

Inhalt

Rhodos und seine Bewohner		6
Geschichtlicher Überblick		11
Die Stadt Rhodos		21
	Ritterviertel	22
	Türkenviertel	37
	Neustadt	41
	Umgebung der Stadt Rhodos	46
Ausflüge	Líndos und die Ostküste	50
	Der Südteil der Insel	58
	Kámiros und die Westküste	59
	Ausflüge mit dem Schiff	67
Was unternehmen wir heute?		
	Musik und Tanz	70
	Nachtleben, Museen	75
	Einkaufsbummel	76
Tafelfreuden		81
Sport und Erholung		90
Reiseweg und Reisezeit		97
Mit soviel müssen Sie rechnen		101
Praktische Hinweise von A bis Z		102
Register		126
Karten und Pläne	Rhodos aus der Vogelschau	6
	Altstadt	23
	Ritterfestungen	36
	Neustadt	42
	Rhodos	51
	Akropolis von Líndos	57

Umschlagbild: Mandráki-Hafen
Doppelseite 2–3: Großmeisterpalast

Rhodos und seine Bewohner

Strahlende Sonne und 5000 Jahre bewegter Geschichte – sie erklären die Faszination, die diese Insel im östlichen Mittelmeer auf ihre Besucher ausübt. Die Spuren vergangener Zivilisationen sind hier so zahlreich, daß mancher, der zum Sonnen und Baden kam, schließlich mehr Zeit beim Besichtigen von Ausgrabungsstätten und Museen verbringt als am Strand.

Denn hier ist die Vergangenheit lebendig und unmittelbar, verwoben mit der Gegenwart. Wer auf Rhodos den Spaten ansetzt, stößt vielleicht auf die Überreste von Bauten aus dem Altertum; wer den Blick erhebt, sieht das antike Stadion, in dem schon Jahrhunderte vor unserer Zeitrechnung Athleten sich auf die Olympischen Spiele vorbereiteten.

Um Rhodos, die von den Göttern Griechenlands geliebte Sonneninsel, ranken sich zahlreiche Legenden und Mythen: Helios, der Lenker des Sonnenwagens, erwählte sie zu seiner Braut und überschüttete sie mit Licht, Wärme und Fruchtbar-

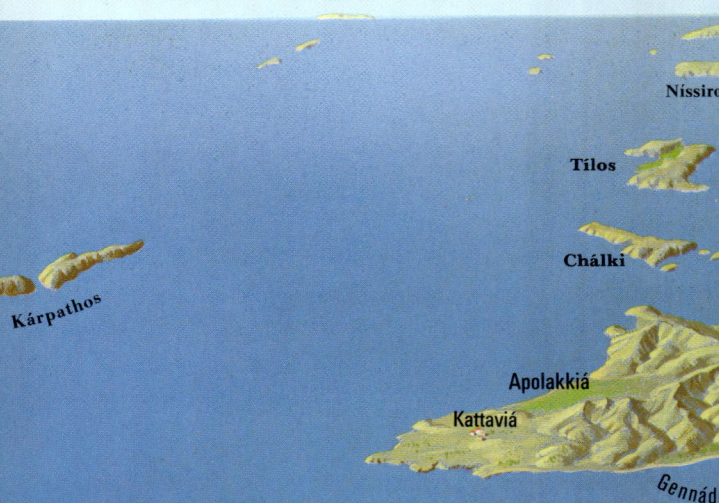

keit. Nach einer anderen Überlieferung verliebte er sich in die Nymphe Rhodon und verlieh der Insel ihren Namen. Das Wort *ródon* bedeutete wahrscheinlich Rose – und Rosen blühen hier in überwältigender Fülle, wie auch Hibiskus, Bougainvillea, Jasmin und Geißblatt.

Morgen für Morgen, wenn Sie Ihre Fenster öffnen, empfängt Rhodos Sie mit strahlender Sonne und Blumenduft. Von April bis Oktober sind Wolken und Regen fast unbekannt; man rechnet mit etwa 300 Sonnentagen pro Jahr und einer Durchschnittstemperatur von rund 25°C im Sommer.

Um die Mitte dieses Jahrhunderts überschüttete ein moderner Gott die Insel mit seinen Wohltaten – der Tourismus. Er brachte Hotels, Tavernen, Diskotheken und Swimmingpools. Innerhalb von 20 Jahren ist die Zahl der Besucher auf fast 500 000 pro Jahr gestiegen. Weitere 70 000 Gäste bringen die Kreuzfahrtschiffe, die für ein oder zwei Tage in einem der herrlichen Häfen der Insel vor Anker gehen.

Rhodos liegt nur ungefähr 20 km von der türkischen Küste entfernt, und schon in alten Zeiten legten hier die

Schiffe an, die nach Ägypten, dem Heiligen Land oder Südeuropa unterwegs waren. Die geographische Lage der Insel, ihre strategisch wichtige Position bestimmte jahrhundertelang ihr Schicksal im Guten wie im Bösen, brachte Reichtum durch Handel und Leid durch immer neue Kriege.

Rhodos gehört zur Kette des Dodekanes, die aus über 200 Inseln und Inselchen besteht. Von den 18 zur Zeit bewohnten Inseln verfügen nur 13* über eine eigene Verwaltung, und Rhodos ist ihrer aller Hauptstadt.

Etwa 66 000 Menschen leben auf der 1412 km² großen Insel. Zur Zeit des Trojanischen Krieges, um 1200 v. Chr., war die Einwohnerzahl fünfmal so hoch und Rhodos nicht nur als Kultur- und Handelszentrum, sondern auch als unabhängige Kriegsmacht bekannt.

Heute beherrscht die Festung des Johanniterordens die Stadt. Mauern und Türme erheben sich in majestätischer Pracht und künden von der vergangenen Größe des Ritterordens, der hier im 14. Jh. Zuflucht fand, als er das Heilige Land verlassen mußte. Zwei Jahrhunderte lang hielten die Ritter den Angriffen der Moslems stand, bis Sultan Suleiman der Prächtige im Jahre 1522 die Insel eroberte und den Orden vertrieb.

Unterhalb der mächtigen, stellenweise bis zu 12 m dicken Mauern erstreckt sich die betriebsame Stadt Rhodos. Moderne Geschäfte, Büros und elegante Restaurants stehen in erstaunlichem Gegensatz zur Altstadt mit ihren engen Gassen und dem türkischen Basar. Unzählige Tavernen und Cafés mit dem charakteristischen Duft türkischen Kaffees und lauter *bouzoúki*-Musik beleben die schattigen mittelalterlichen Plätze und überblicken den Hafen mit seinen Jachten aus aller Herren Länder.

In Kámiros an der Westküste liegen die Überreste einer verlassenen antiken Stadt. In Líndos, an der Ostküste, erhebt sich hoch auf einem Felsen ein der Göttin Athene geweihter Tempel, und in der geschützten Bucht darunter soll der Apostel Paulus im Jahre 51 n. Chr. gelandet sein.

Überall an der gut 220 km langen Küste locken einsame

---

* Im Griechischen bedeutet Dodekanes wörtlich »12 Inseln«, tatsächlich aber bilden folgende 13 die Gruppe: Astipaléa, Chálki, Kálimnos, Kárpathos, Kássos, Kastellórizo, Kos, Léros, Níssiros, Pátmos, Ródos, Sími und Tílos.

Strände und malerische Buchten, und wer viel Energie hat, kann sogar einen 1215 m hohen Berg ersteigen.

Neben all diesem Überfluß an Schönheit, historischen Stätten und Sonnenschein hat die Insel noch etwas anderes zu bieten – die typisch griechische Lebensart und Gastfreundschaft ihrer Bewohner.

Jahrhundertelang lebten die Griechen in Unfreiheit, und trotzdem haben sie sich Würde und Selbstachtung bewahrt (sie nennen es *filótimo*). Ihr Stolz auf die griechische Kultur und ihre Errungenschaften half ihnen, die Unterdrückung ungebrochen zu überstehen.

In den mittelalterlichen Straßen von Rhodos-Stadt leben zahlreiche Boutiquen nur für und von Touristen.

Die Rhodier sind offen, freundlich und anspruchslos. Sie fühlen sich glücklich in ihrer Familie und ihrer Umgebung, bei Musik und Tanz und freuen sich, wenn auch Sie ihre Insel zu schätzen wissen.

Wie es sich für die Insel des Sonnengottes gehört, spielt sich der größte Teil des Lebens im Freien ab. Niemand schließt hier sein Haus ab, denn Diebstahl ist praktisch unbekannt, und es gibt nicht einmal ein Gefängnis.

Im Griechischen bedeutet das Wort *xénos* »Fremder«, aber auch »Gast«. Gibt es eine schönere Erklärung für die griechische Gastfreundschaft?

Die ganze Familie hilft beim Ausbessern der Fischernetze.

Geschichtlicher Überblick

Rhodos' Schicksal wurde von seiner strategischen Lage am Schnittpunkt wichtiger Seewege im östlichen Mittelmeer bestimmt. Seit fast 5000 Jahren ist dieses Stückchen Erde immer wieder umkämpft, geplündert und ausgebeutet worden.

Noch in unserem Jahrhundert herrschten hier Fremde – die Italiener. Die moderne Invasion der Touristenheere ist wohl die erste, die von den Inselbewohnern gerne gesehen wird, denn sie bringt Wohlstand und Sicherheit.

Man weiß nicht sehr viel über die Vorgeschichte der Insel, doch scheint sie bereits in der Steinzeit besiedelt gewesen zu sein. Gewisse Anzeichen deuten darauf hin, daß die ersten Bewohner, ein Volksstamm aus Kleinasien, schon den Gebrauch des Feuers kannten und einfache Werkzeuge aus Metall sowie Tongefäße herstellten. Sie wurden während der Bronzezeit, zwischen 2500 und 1500 v.Chr., von Karern aus Anatolien, von Phöniziern aus dem heutigen Libanon und von den hochzivilisierten Kretern verdrängt. Die letzteren besiedelten Rhodos und bauten in Ialyssos (heute Filérimos), Lindos und Kamiros Kultstätten, in denen sie den Mond anbeteten.

Der Trojanische Krieg

Am nachhaltigsten aber wurde die Insel durch die Invasion der Achäer beeinflußt, deren Taten Homer in der Ilias besingt. Sie drangen vom Norden her in Griechenland ein, setzten sich im Peloponnes fest und eroberten gegen 1500 v.Chr. Kreta und Rhodos. Als die Achäer ihren berühmten Rachefeldzug gegen Troja unternahmen, entsandte auch Rhodos neun Schiffe (wenn man Homer Glauben schenkt) mit Agamemnons Flotte. Der zehnjährige Krieg endete mit der Zerstörung Trojas (heute Hissarlik im Nordwesten der Türkei), aber der lange Kampf hatte auch die Sieger erschöpft, so daß die blonden, kriegerischen Dorier, die um 1100 v.Chr. in Griechenland einfielen, leichtes Spiel mit ihnen hatten.

Die Dorier, die jahrhundertelang eine despotische Herrschaft aufrechterhielten, verschmolzen allmählich mit den anderen Stämmen, und aus dieser Vermischung sollte später die klassische griechische Kultur hervorgehen. Gegen 700 v. Chr. gehörten die drei Stadtstaaten von Rhodos zu den Begründern des dorischen Sechsstädtebundes (Hexapolis). Lindos prägte seine eigenen Münzen (Metallgeld war eben in Kleinasien eingeführt worden) und errichtete Handelskolonien an der Costa Brava in Spanien, auf Sizilien (Gela) und in Italien (Nea Polis, heute Neapel).

Zwei Jahrhunderte später sandte der persische Herrscher Darius ein mächtiges Heer aus, und nur Griechenland hinderte es bei seinem Vormarsch nach Westen. In der historischen Schlacht von Marathon (490 v. Chr.) kämpfte Rhodos an der Seite der Perser und teilte die Niederlage seiner Verbündeten. Auch als die Griechen zehn Jahre später die Flotte von König Xerxes bei Salamis versenkten, waren 40 Schiffe aus Rhodos darunter. Danach wandte es sich jedoch Griechenland zu und wurde Mitglied des Attischen Seebundes.

Nun taten sich die drei Stadtstaaten der Insel zusammen und bauten 408 v. Chr. eine gemeinsame Hauptstadt – Rhodos.

Die Glanzzeit

Durch eine geschickte Schaukelpolitik suchte Rhodos seine zunehmende Machtstellung zur See wie auch in Handel und Finanz zu festigen. Deswegen unterstützte es zunächst den Attischen Seebund, bald darauf aber Persien gegen Makedonien. Als jedoch feststand, daß Alexander der Große seines Beinamens würdig war, schlug sich Rhodos auf seine Seite, was der Insel Handels-

Felsrelief eines Kriegsschiffs unterhalb der Akropolis von Lindos.

Der Koloß von Rhodos

Die Überreste der Kriegsmaschine, die Demetrios zurückließ, wurden verkauft, um mit dem Erlös Helios, dem Sonnengott und Beschützer von Rhodos, eine Statue zu errichten. Der Standort dieser als »Koloß von Rhodos« bekannten Statue konnte nie genau bestimmt werden.

Von der weitverbreiteten Vorstellung, daß der Koloß mit erhobener Fackel und gespreizten Beinen über dem Eingang zum Mandráki-Hafen gestanden habe, ist man abgekommen. Ein so riesiges Standbild konnte nur auf festem Boden errichtet werden. Deshalb neigt man heute zu der Annahme, es sei in der Nähe des Großmeisterpalastes in der Altstadt aufgestellt worden.

Der über 30 m hohe Koloß wurde in zwölfjähriger Arbeit von einem einheimischen Bildhauer, Chares von Lindos, aus Erz gegossen und um 290 v. Chr. beendet. Im Altertum galt dieses technisch wie künstlerisch einzigartige Werk als eines der Sieben Weltwunder.

Doch der Koloß und sein Schöpfer wurden vom Unheil verfolgt. Der Bildhauer brachte sich vor Verzweiflung um, als er einen Fehler in seinen Berechnungen entdeckte (den dann ein Gehilfe korrigierte), und die Statue stürzte bei einem Erdbeben um das Jahr 225 v. Chr. zu Boden. Das Denkmal, das den Wehrwillen und die künstlerische Größe von Rhodos versinnbildlichen sollte, stand also keine 70 Jahre lang.

Das Orakel von Delphi warnte die Bevölkerung vor einer Wiederherstellung der Statue, und 800 Jahre lang konnte man noch die Trümmer besichtigen, bis im 7. Jh. n. Chr. die Araber die Stadt plünderten und die Bronze als Schrott an einen jüdischen Händler aus Syrien verkauften. Die 20 Tonnen Metall wurden wahrscheinlich mit 90 Kamelen weggeschafft, aber die Legende hat daraus 900 Kamele gemacht.

vorteile in dem von den Makedoniern eroberten Ägypten einbrachte. Nach Alexanders Tod (323 v. Chr.) lehnte Rhodos es ab, an einem Kriegszug gegen den makedonischen Feldherrn teilzunehmen, der unter dem Namen Ptolemaios I. König von Ägypten geworden war. Zur Strafe erschien 305 v. Chr. Demetrios Poliorketes »der Stadtbelagerer« mit einer mächtigen Flotte und einem Heer von 40 000 Mann.

Demetrios ließ eine einzigartige Belagerungsmaschine bauen, den Helepolis. Das war ein mit Bronze verkleideter, neun Stockwerke hoher Holzturm auf Rädern, mit Bogenschützennestern, Enterhaken, Ausfallbrücken und Katapulten ausgerüstet. Hunderte von Sklaven rollten das Ungetüm

Die Götterfamilie

Das Pantheon griechischer Götter und Göttinnen, mit jeweiligem römischen Gegenstück, ist für den gewöhnlichen Sterblichen reichlich verwirrend. Deswegen seien hier ein paar dieser himmlischen Wesen genannt, die für Rhodos von Bedeutung sind:

Griechisch	*Römisch*	*Funktion*
Aphrodite	Venus	Göttin der Liebe, Tochter des Zeus
Apollon	Apollo	Gott des Lichtes, der Dichtung, Musik und Heilkunst, Sohn des Zeus
Artemis	Diana	Göttin der Jagd, Schützerin der Jugend, Tochter des Zeus
Athene	Minerva	Schutzgöttin der Städte und der Wissenschaft, Tochter des Zeus
Helios	kein Gegenstück, später mit Apollo verschmolzen	Sonnengott, Beschützer von Rhodos, Sohn des Titanen Hyperion
Poseidon	Neptun	Gott des Meeres, Bruder des Zeus
Zeus	Jupiter	König des Olymps, Herrscher über Himmel und Erde

auf die Stadtwälle zu, ein Hagel von Steingeschossen überschüttete die 6000 Verteidiger, und gewaltige Rammböcke schlugen eine Bresche in die Mauer. Aber die Rhodier wehrten fast ein Jahr lang verzweifelt jeden Angriff ab, bis Demetrios schließlich abzog.

Im Jahre 166 v. Chr. erklärte Rom die Stadt Delos, die bisher unter dem Schutz von Rhodos gestanden hatte, zum Freihafen, womit der Insel erhebliche Einkünfte aus Hafensteuern verlorengingen. Das war die Strafe dafür, daß Rhodos im römisch-makedoni-

Berühmte Kunstwerke im Archäologischen Museum. Links oben: *Sonnengott Helios;* links unten: *Liebesgöttin Aphrodite;* rechts: *Zeus.*

schen Krieg mit dem Makedonier Perseus sympathisiert hatte. Zwei Jahre später entschloß Rhodos sich zum Bündnis mit Rom und gab dadurch seine Unabhängigkeit auf, denn Rom war dauernd in Kriege verwickelt und Rhodos mußte es dabei mit Geld und Truppen unterstützen.

Rhodos wird geplündert

Der Anschluß an Rom brachte schwierige Probleme mit sich – auf wessen Seite sollte man sich bei den dauernden internen Machtkämpfen stellen? Rhodos entschloß sich für Pompejus gegen Cäsar. Glücklicherweise war Cäsar nicht nachtragend, und nach seinem Sieg erneuerte er das Bündnis mit Rhodos. Später baten Cassius und Brutus, Cäsars Mörder, um Hilfe in ihrem Kampf gegen den Senat. Rhodos verweigerte sie, woraufhin Cassius die Stadt belagerte und nach der Eroberung völlig ausplünderte. Er verließ die Insel mit allem, was wegzuschaffen war, darunter 3000 Statuen, und es blieb »nichts als die Sonne*«. Fast alle diese Kunstwerke gingen im Jahre 64 n. Chr. beim Brand von Rom verloren.

Schon im 2. Jh. v. Chr. jedoch war Rhodos ein Zentrum des Kultur- und Geisteslebens innerhalb des Römischen Reiches. Hier, in der weltbekannten Schule für Rhetorik, studierten Männer wie Cicero, Cäsar, Brutus, Cato der Jüngere, Cassius und Marcus Antonius.

Das Christentum begann sich ungefähr 20 Jahre nach dem Tode Jesu Christi auf der Insel auszubreiten, nachdem der Apostel Paulus auf dem Weg nach Syrien hier haltgemacht hatte. Aber auch die neue Religion sollte Rhodos keinen Frieden bringen.

Immer wieder wurde die Insel von beutelustigen Plünderern überfallen. 263 n. Chr. waren es die Goten, im 7. Jh. die Perser und Araber, von Angriffen durch Piraten ganz zu schweigen. Obwohl Rhodos eigentlich zum Byzantinischen Reich gehörte, stand es, was seine Verteidigung betraf, allein da.

Im 11. Jh. hatte der Islam Jerusalem erobert, Persien und Nordafrika durchdrungen, die Türken bekehrt und sich halb

---

* Eine Anspielung auf den Sonnenwagen des Helios, ein berühmtes Bildwerk von Lysippos, das zu schwer für den Transport war.

Spanien unterworfen. Die Christen, und mit ihnen Rhodos, fühlten sich ernsthaft bedroht.

Man ging deshalb daran, sich näher an Westeuropa anzuschließen, zuerst durch Handelsverträge mit Venedig, dann durch Unterstützung der Kreuzritter, die 1097 auf dem Weg ins Heilige Land in Rhodos landeten. Die Könige Richard Löwenherz und Philipp II. August warben 1191 in Rhodos Söldner für den dritten Kreuzzug an. 13 Jahre später wurde Byzanz von den Kreuzfahrern erobert. Danach verließ sie das Kriegsglück, und 1291 mußten die christlichen Heere das letzte Bollwerk im Heiligen Land, Akkon (heute Akka, Israel), aufgeben.

Fliehen mußten auch die Ritter des Johanniterordens, der mehr als 200 Jahre vorher in Jerusalem gegründet worden war. Die Johanniter (auch als Hospitaliter bekannt) hatten in der Nähe der Grabeskirche ein Hospital für Pilger errichtet, aber im Zeitalter der Kreuzzüge traten zur Krankenpflege immer mehr auch der Festungsbau und der Kampf gegen die Mohammedaner hinzu.

Die Ritter kaufen Rhodos

Nachdem das Heilige Land verlorengegangen war, ließ sich der Orden zunächst auf Zypern nieder. Aber auch hier fühlte er sich nicht sicher und entschloß sich daher, sein Hauptquartier nach Rhodos zu verlegen.

Rhodos war seit 1248 in den Händen genuesischer Piraten, die sich dem Wunsch der Ritter widersetzten. Die Johanniter beschlossen also, die Insel zu kaufen, und ein richtiger Kaufvertrag wurde aufgestellt und beglaubigt. Trotzdem mußten

Ritterhospital aus dem 15. Jh., heute Archäologisches Museum.

sie für ihren neuerworbenen Besitz kämpfen, denn der byzantinische Kaiser hatte eine Garnison türkischer Söldner auf Rhodos hinterlassen, die besiegt und niedergemacht wurde. 1309 begannen die Ritter mit der Befestigung von Rhodos. Sie errichteten ein Hospital, bauten die Verteidigungsanlagen ständig aus und wehrten während der folgenden 213 Jahre alle Angriffe der Moslems ab.

Der Orden hatte Mitglieder verschiedener Nationen, und jeder Ritter lebte in der Herberge seiner Landsmannschaft oder Zunge. Frankreich, Auvergne, Provence, Deutschland, Italien, England und Spanien, das sich später in Kastilien und Aragonien teilte, waren die acht Gruppen, von denen jede einen bestimmten Sektor der Stadtmauer zu verteidigen hatte.

Der Orden bezog auch die umliegenden Inseln mit in die Verteidigungslinie ein, und Reste von Wällen und Burgen sind noch immer auf Kálimnos, Léros, Chálki, Tílos, Kos, Níssiros und Sími zu sehen. Aber auch zur See waren die Ritter nicht untätig, und bald waren diese unermüdlichen Verteidiger des Christentums allgemein gefürchtet. 1444 schlugen 600 Ritter, unterstützt von 5000 Einheimischen, den Sultan von Ägypten in die Flucht, und 36 Jahre später mußte auch die Armee des Sultans Mohammed II. unverrichteter Dinge abziehen.

Suleiman erobert die Insel

1522 entschloß sich Sultan Suleiman II. (der Prächtige) zum Sturm auf Rhodos. Die Ritter hatten ihn dadurch verärgert, daß sie plündernde Piraten aus Spanien und Malta ungeschoren ließen, aber türkische Pilgerschiffe auf dem Weg nach Mekka angriffen. Am 24. Juni landete sein riesiges Heer bei Iályssos. 200 Schiffe fuhren zwischen dem Festland und der Insel hin und her und brachten Soldaten, Verpflegung, Munition und Ausrüstung – darunter syrische Kamele, ungarische Pferde, mesopotamische Ochsen und thrakische Maultiere. Einen Monat später begann die Belagerung unter dem persönlichen Befehl von Suleiman.

Diesmal waren die Ritter in einer verzweifelten Lage, denn die europäischen Länder sandten keine Hilfstruppen. Viereinhalb Monate lang versuchte Suleiman vergeblich, die Stadt einzunehmen. Er verlor 50 000 Mann und hatte sich schon fast zum Abzug entschlossen, als ein Überläufer die Nachricht brachte, daß die Ritter am Ende ihrer Kräfte seien. Suleiman gab daraufhin Befehl zum Großangriff, und die ausgehungerte griechische Bevölkerung bat um Frieden.

Am 1. Januar 1523, nach 145tägiger Belagerung, durften die 180 Ritter, die noch am Leben waren, und mehrere tausend Christen aus Rhodos mit allen Ehren nach Malta abziehen (von da an nannten sich die Johanniter nach ihrer neuen Heimat Malteser). Ihre Fahnen, Kunstschätze und Reliquien nahmen sie mit. Bis 1912, fast vier Jahrhunderte lang, blieb Rhodos nun in türkischer Hand.

Man sollte meinen, daß eine fast 400jährige Herrschaft tiefe Spuren hinterlassen haben müßte, aber das Osmanische Reich hatte seine Blütezeit überschritten, und Sieger und Besiegte lebten nebeneinander her, ohne daß ihre beiden Kulturen sich vermischten.

Die Türken bauten – und zerstörten – nur wenig. Einige Kirchen wurden in Moscheen umgewandelt, der Großmeisterpalast in einen Viehstall, und die prächtigen Ritterherbergen erlitten wechselnde Schicksale. Aber im großen und ganzen blieb Rhodos auch weiterhin Griechenland und der griechisch-orthodoxen Kirche verbunden, und das Leben nahm seinen gewohnten Lauf.

Als Griechenland sich 1821 gegen die Türken erhob – und dann nach langem Kampf seine Unabhängigkeit gewann –, revoltierte auch Rhodos, aber der Aufstand wurde auf blutige Weise unterdrückt. Erst der italienisch-türkische Krieg brachte eine entscheidende Wendung. Die Türken wurden vertrieben, und durch den Lausanner Vertrag von 1912 erhielt Italien den Dodekanes als Protektorat, wobei vorgesehen war, daß er später mit Griechenland wiedervereinigt würde.

Im Gegensatz zu den Türken entfalteten die Italiener auf der Insel große Aktivität: sie begannen mit Ausgrabungen und Restaurationen, bauten Straßen, Verwaltungsgebäude und Wohnhäuser. Obwohl die Einwohner unter der Besatzung zu leiden hatten, waren es doch die Italiener, die die Voraussetzung für die spätere touristische Entwicklung der Insel schufen.

Mussolinis Sommerresidenz

Mit der Zeit wurde es jedoch immer klarer, daß Italien nicht die Absicht hatte, den Dodekanes an Griechenland zurückzugeben. In den dreißiger Jahren wurde der Gebrauch des Griechischen weitgehend unterdrückt und die griechisch-orthodoxe Religion verboten. Rhodos war als Sommerresidenz für die Herrscher Italiens ausersehen. Der italienische Traum vom *mare nostrum,* dem Besitz des Mittelmeeres, sollte endlich in Erfüllung gehen.

Nach Mussolinis Fall im Sommer 1943 landeten die Deutschen auf der Insel und besetzten nach heftigen Kämpfen mit ihren früheren Waffenbrüdern alle italienischen Stellungen. Schließlich befreiten die Engländer 1945 die Insel und verwalteten sie treuhänderisch für die Vereinten Nationen, bis 1947 die Vereinigung mit dem griechischen Mutterland erfolgte.

Griechenland ging sofort daran, den Fremdenverkehr zu entwickeln. Zollerleichterungen wurden gewährt, Hotels gebaut und alle für den Tourismus notwendigen Einrichtungen erweitert.

Wieder einmal wurde Rhodos im Sturm genommen, aber diesmal – und vielleicht zum ersten Mal in seiner 5000 Jahre alten Geschichte – von Menschen, die nichts als Sonne und die Spuren einer glorreichen Vergangenheit suchen.

Im Gouverneurspalast mischen sich arabische, gotische und venezianische Architektur.

Die Stadt Rhodos
32 000 Einwohner

Die Stadt Rhodos *(Ródos)* besteht aus zwei Städten, der alten und der neuen, und besonders die Altstadt ist unvergeßlich. Diese Altstadt haben wir wiederum in zwei Teile gegliedert: das Ritterviertel oder Collachium und das Türkenviertel. Da man beim Bummel durch das Türkenviertel auch durch das Judenviertel kommt, haben wir dieses in den Abschnitt über Moscheen und Minarette mit einbezogen.

Wäschetrocknen, Wäscheflicken – die Sonne macht beides leichter!

Ritterviertel

Dieses Stadtviertel kann in wenigen Stunden zu Fuß besichtigt werden, und wenn Sie nur kurz auf Rhodos bleiben, sollten Sie unbedingt hier mit Ihrem Rundgang beginnen. Denn in diesen Gassen, an diesen stillen Plätzen lebt die Geschichte der Insel wieder auf, und Sie werden sich zurückversetzt fühlen in die Zeit zwischen dem 14. und 16. Jh., als die Ordensritter Rhodos zu ihrer Festung machten.

Kleine Durchgänge und verschwiegene Innenhöfe liegen im Halbdunkel – um so überwältigender sind die plötzlichen Durchblicke auf den Hafen und das im Sonnenlicht schimmernde Ägäische Meer.

Der Graben zwischen den Innen- und Außenwällen um die Altstadt enthielt nie Wasser, aber er hinderte die Angreifer daran, Belagerungstürme an den Mauern aufzustellen. Die Ritter mußten die Befestigungen laufend verbessern, damit sie den neuen Methoden der Kriegsführung gewachsen waren – denn Pfeil und Schwert wurden allmählich durch Kanonen und Schießpulver ersetzt. Zwei Jahrhunderte lang verstärkten

---

Wegweiser

Damit Sie sich leichter zurechtfinden, haben wir die griechischen Namen von Straßen und Plätzen in der allgemein gebräuchlichen Umschrift mit lateinischen Buchstaben gebracht – so wie sie auf Straßenschildern überall auf der Insel zu lesen sind. Zur Vereinfachung haben wir jedoch Titel wie *vasiléos* (König), *vasilíssis* (Königin) oder *ethnárchou* (Erzbischof) weggelassen.

Straße heißt *odós* und Platz *platía*. Die Griechen lassen *odós* meist weg und sagen z. B. einfach Sokrátous (für Sokratesstraße). Sie werden sich rasch daran gewöhnen.

Um keine Verwirrung aufkommen zu lassen, haben wir es im allgemeinen nach einer ersten Verdeutschung vermieden, Straßennamen usw. in deutscher Übersetzung zu verwenden.

Für Angaben zur Schreibweise siehe S. 103 unter ALPHABET.

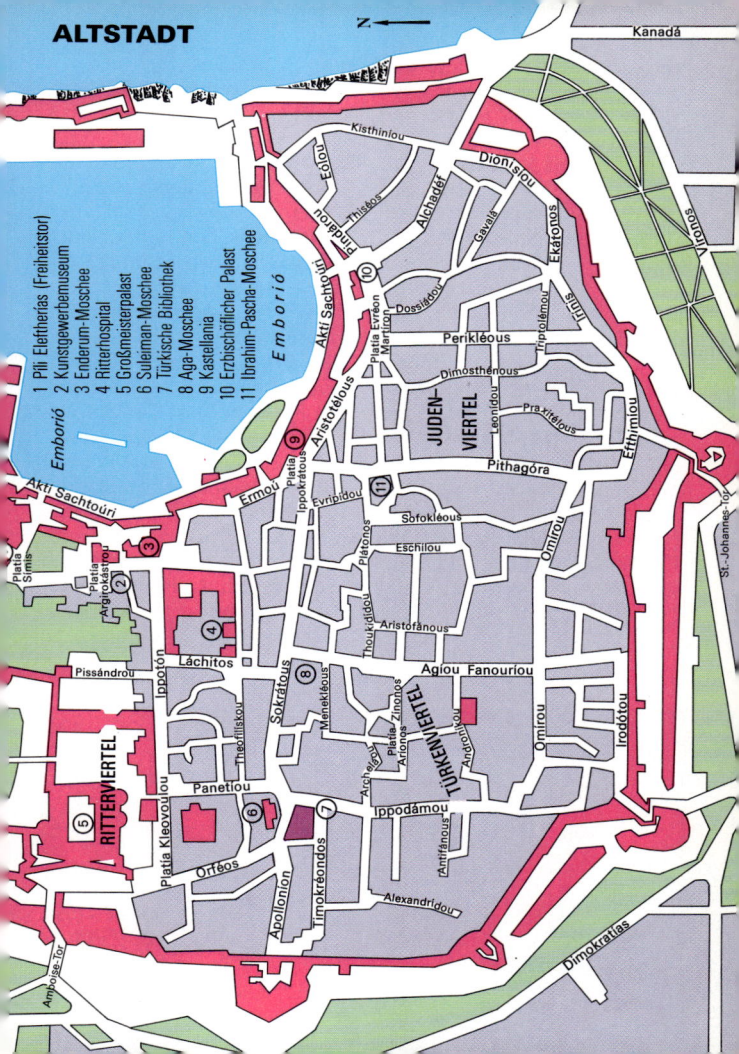

und bauten sie die Wälle um, bis diese am Ende an einigen Stellen 12 m dick waren und die Wirkung der Kanonenkugeln abfangen konnten.

Echte Kanonenkugeln, säuberlich zu kleinen Pyramiden aufgestapelt, sind noch an manchen Stellen der Altstadt zu sehen. Im Wallgraben bei der Italiki Píli (Italienertor) dienen die Kugeln Schuljungen als Torpfosten beim Fußballspiel. Die Eisenkugeln stammen aus der Türkenzeit, während die Steinkugeln in früheren Jahrhunderten mit Katapulten geschleudert wurden.

Am besten beginnen Sie Ihren Rundgang bei der **Píli Eleftherías** (Freiheitstor). Dieses Tor wurde von den Italienern geschaffen, die sich als Befreier von der Türkenherrschaft verstanden; als sie aber selbst nach dem Zweiten Weltkrieg abzogen, konnte man den Namen auch anders deuten.

Der Durchgang führt zur **Platía Símis** (Sími-, aber auch oft Arsenalplatz genannt) mit dem **Aphrodite-Tempel** aus dem 3. Jh., einem der wenigen Überreste der Antike in der Altstadt. Versäumen Sie nicht den wundervollen Ausblick, den Sie vom Sími-Tor auf den Emborió-Hafen haben.

Mit etwas Phantasie können Sie sich vorstellen, wie es hier vor fünf Jahrhunderten aussah: Die Flügel von 14 Windmühlen drehen sich langsam im leichten Wind, Hafenarbeiter

Tempel an der Platía Simis, vor 2000 Jahren zu Ehren Aphrodites erbaut.

entladen Tonnen von Salpeter, das zur Herstellung von Schießpulver gebraucht wird, und etwas weiter wird Wein aus Kreta ausgeschifft. Mit Getreide hochbeladen, rollen Karren zu den Vorratsschuppen der Ritter.

Setzen Sie nun Ihren Weg fort, und vor Ihnen öffnet sich die Platía Argirokástrou. Der **Brunnen** in der Mitte wurde von italienischen Archäologen in einer Kirche bei Arnítha entdeckt und hierher transportiert. Dahinter steht das ursprüngliche Ordenshospital aus dem frühen 14. Jh., das in späteren Jahren angeblich als Arsenal diente und heute das Archäologische Institut beherbergt.

Links vom Brunnen ist der Eingang zum **Kunstgewerbemuseum;** wenn Sie genug Zeit haben, lohnt es sich, haltzumachen (siehe S. 75). Hier steht auch die prächtige **Herberge der Ritter aus der Auvergne,** die Anfang des 16. Jh. erbaut wurde und jetzt Verwaltungssitz ist. Eine für den ägäischen Stil typische Freitreppe führt zu einer von Säulen getragenen Loggia. Jenseits des schönen gotischen Hauptportals liegt ein duftender schattiger Garten.

Nach einer mit Arkadengeschäften gesäumten Straße kommen Sie zur Marienkirche aus dem 13. Jh. Nachdem die Türken die Ritter vertrieben hatten, verwandelten sie die Kirche 1523 in die **Enderum-Moschee,** indem sie den Kirchturm durch ein Minarett ersetzten. Damals wurden hier viele Christen hingerichtet, daher wird sie auch »die rote Moschee« genannt. Jetzt dient sie als Byzantinisches Museum.

Wenn Sie die Platía Nosokomíou (Hospitalplatz) betreten, haben Sie die Odós Ippotón, die Ritterstraße, vor sich, wahrscheinlich die besterhaltene mittelalterliche Straße ganz Europas. Aber bevor Sie die Ritterstraße hinaufgehen, sollten Sie sich das **Ritterhospital** ansehen, eines der bemerkenswertesten Gebäude der Altstadt. Der Bau wurde um 1440 begonnen und ein halbes Jahrhundert später abgeschlossen. Heute sind hier die Schätze des Archäologischen Museums ausgestellt (siehe auch S. 75).

Der gewölbte Haupteingang führt zum Innenhof und die drei Arkaden auf jeder Seite zu Lagerräumen, die heute an Kaufleute vermietet sind. Über eine Freitreppe gelangt man ins Obergeschoß mit dem Riesen-

RAYMOND BÉRANGER

1365 1374

ROGER DE PINS

1355 1365

PIERRE DE CORNEILLAN

1354 1355

DIEUDONNÉ DE GOZON

1346 1353

HÉLION DE VILLENEUVE

1319 1346

FOULQUES DE VILLARET

1310 1319

Die Ritter des Johanniterordens

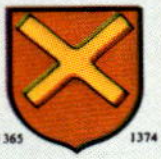

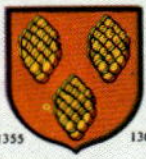

Auch zu seiner Blütezeit, als er Rhodos beherrschte, gehörten dem im 11. Jh. gegründeten Johanniterorden nie mehr als 600 Ritter an. Sie kamen aus den vornehmsten europäischen Adelsgeschlechtern, die es sich zur Ehre anrechneten, wenn ihre Söhne in den Orden eintraten. Nachdem sie Armut, Gehorsam und Keuschheit gelobt hatten, lebten die Ritter innerhalb von sieben Landsmannschaften oder Zungen: Engländer, Deutsche, Italiener, Franzosen und Spanier (die sich später in Aragonier und Kastilier teilten); dazu kamen Vertreter der damals unabhängigen Provence und Auvergne.

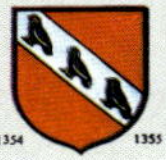

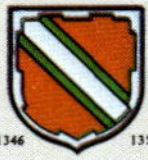

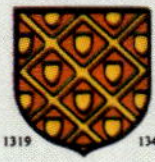

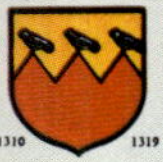

Jede Zunge lebte in einer sogenannten Herberge unter der Leitung ihres Priors, und die Ritter durften die eigentliche Ritterstadt nur zu zweit und beritten verlassen. Die 5000 dienenden Brüder für Arbeit und Krankenpflege stellte die christliche Gemeinde von Rhodos.

Der Großmeister wurde von den Landsmannschaften mit einfacher Mehrheit auf Lebzeiten gewählt. Daher hatten die Franzosen, die meistens auf die Stimmen der Provence und der Auvergne rechnen konnten, die Vorherrschaft. Sie stellten 14 der 19 Großmeister; von den restlichen fünf waren drei Spanier und zwei Italiener.

Jeder Landsmannschaft war ein bestimmter Abschnitt der Stadtwälle von Rhodos zur Verteidigung zugeteilt, während die Flotte des Ordens unter dem Befehl der italienischen Zunge stand.

Die Ritter bauten nicht nur in der Stadt, sondern auch auf ganz Rhodos und den umliegenden Inseln zahlreiche Befestigungen, die durch ein kompliziertes System von Feuer- und Rauchsignalen sowie Brieftauben miteinander in Verbindung standen. Die Anlagen in Líndos und Monólithos sind besonders sehenswert.

ROBERT DE JUILLY

1374 1377

FERDINAND D' HÉRÉDIA

1377 1396

PHILLIBERT DE NAILLAC

1396 1421

ANTOINE FLUVIAN

1421 1437

JEAN DE LASTIC

1437 1454

JACQUES DE MILLY

1454 1461

RAYMOND ZACOSTA

1461 1467

G. B. DEGL' ORSINI

1467 1476

PIERRE D' AUBUSSON

1476 1505

AIMERIE D' AMBOISE

1505 1512

GUY DE BLANCHEFORT

1512 1513

FABRIZIO DEL CARRETTO

1513 1521

PH. VILLIERS DE L'ISLE A

1521 1522

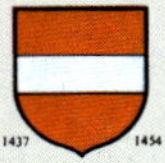

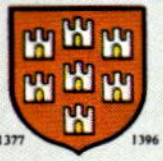

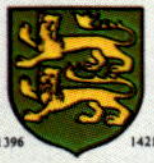

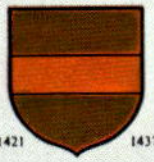

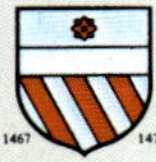

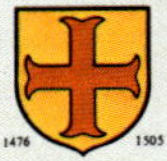

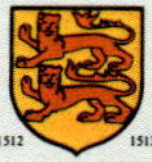

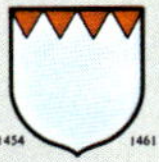

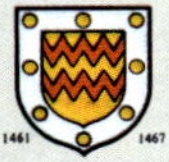

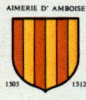

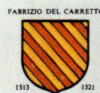

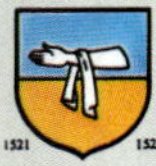

raum, der früher als Krankensaal diente. Die vier Säulen, die die gotischen Fensterbögen umrahmen, formen ein Gewölbe, in dem sich einst eine Kapelle befand. Ein Basrelief zeigt zwei Engel, die das Wappen des Ordens tragen.

Im Innenhof liegen zu Pyramiden aufgehäufte Steinkugeln. Man sagt, daß die größten davon bei der Belagerung von Rhodos durch Demetrios (305 v.Chr.) von Katapulten verschossen wurden. Der rhodische Löwe, der den Innenhof hinter einem Mosaik aus Kárpathos überwacht, stammt aus dem 1. Jh. n. Chr.

Im Hospital konnten bis zu 100 Kranke untergebracht werden. Etwa 30 Baldachinbetten standen im Krankensaal, in den kleinen »Zellen« dahinter wurden wahrscheinlich Patienten mit ansteckenden Krankheiten isoliert.

Wen nahmen die Ritter in ihrem Hospital auf? Natürlich zuerst ihre eigenen Kranken und Verwundeten. Außerdem wurden die Inseln von Zeit zu Zeit von Seuchen heimgesucht, und es ist möglich, daß das Ordensspital in derartigen Fällen als »Isolierstation« diente. Andererseits sprechen manche Anzeichen dafür, daß die Betten nur vornehmen Persönlichkeiten zur Verfügung standen. Sicher ist, daß die ursprüngliche Aufgabe der Ordensritter, nämlich die Pilger auf dem Weg ins Heilige Land zu pflegen, mehr und mehr in Vergessenheit geraten war.

Der Innenhof des Museums ist ideal für eine kleine Ruhepause!

Ebenfalls im Obergeschoß befindet sich das **Archäologische Museum,** ein Schatz im wahrsten Sinne des Wortes, denn es besitzt unter anderem eine ausgezeichnete Sammlung alter Münzen. Die Statuen, mykenischen Vasen und Schmuckstücke, die alle auf der Insel gefunden wurden, sind von seltener Schönheit.

Eine der bekanntesten Statuen ist die Meeresvenus aus dem 3. Jh. v. Chr., von Lawrence Durrell in seinem Rhodos-Buch *Leuchtende Orangen* beschrieben. Sie wurde 1929 von einem Fischer aus dem Meer gezogen. Außerdem steht hier die bezaubernde Kauernde Aphrodite aus dem 1. Jh. v.Chr., die ihr langes Haar zum Trocknen ausbreitet, nachdem sie dem Meer entstiegen ist. Sie wurde 1912 in der Stadt Rhodos ausgegraben und wird oft einfach Aphrodite von Rhodos genannt.

Sehenswert ist auch der Marmorkopf des Sonnengottes Helios aus dem 2. Jh. v.Chr. Er wurde in der Nähe der Herberge der Provence gefunden, und nicht weit davon soll auch der Heliostempel gestanden haben.

Weitere Sehenswürdigkeiten: ein kleiner Kopf des Zeus, gefunden auf dem Attáviros-Berg; der Kopf eines Athleten, wahrscheinlich eines Boxers; und die in Kámiros gefundene, 2 m hohe Grabstele der Timarista. Dieses klassische Basrelief aus dem 5. Jh. v.Chr. zeigt Krito, die von ihrer toten Mutter Timarista Abschied nimmt; ihr Haar ist kurzgeschoren, ein traditionelles Zeichen der Trauer.

Wenn Sie sich jetzt ausruhen oder auch nur Ihren Gedanken nachhängen möchten, ist der sonnige Garten auf gleicher Höhe der ideale Platz dafür. (Auch saubere Toiletten gibt es hier.)

Anschließend kann man sich in den nahe gelegenen Herbergen der Franzosen, Italiener, Spanier und Engländer einen Eindruck vom täglichen Leben der Ritter verschaffen.

Die **Herberge der Engländer** gegenüber dem Hospital hat im Laufe der Jahrhunderte viel gelitten. Sie wurde 1483 erbaut, 1851 bei einem Erdbeben zerstört und, nachdem sie lange unbewohnt geblieben war, von den Italienern 1919 restauriert. Während des Zweiten Weltkrieges wurde sie von Bomben beschädigt und dann 1947 mit britischer Hilfe wiederhergestellt.

Einige Jahre nach Suleimans Sieg von 1522 verließen die englischen Ritter den Orden, denn der Papst hatte Heinrich VIII. exkommuniziert, woraufdieser seinerseits den anglikanischen Protestantismus zur englischen Staatsreligion erhoben hatte.

In der sanft ansteigenden Ippotón oder **Ritterstraße** wird es einem leicht, sich vorzustellen, wie eine Stadt im Mittelalter aussah. Zwei Schwibbögen am Ende der Gasse scheinen die Häuser noch näher zusammenzubringen. Streng und schmucklos erheben sich die Fassaden der Herbergen, und man erwartet fast, die Ritter im schwarzen Mantel mit dem weißen Kreuz durch die leere Gasse reiten zu sehen und den Hufschlag der Pferde auf den Pflastersteinen zu hören.

Als nächstes erreichen Sie die **Herberge der Italiener.** Über den geschnitzten Torflügeln thront das Wappen des Großmeisters Fabrizio del Carretto, der ein Jahr vor dem Angriff Suleimans starb.

Touristen bewundern die Herbergen der Johanniter in der Ritterstraße.

Die eindrucksvolle Herberge der Franzosen mit dem Lilienwappen.

Daneben steht ein kleiner **Palast,** der die Wappen der französischen Großmeister Aimerie d'Amboise und Villiers de l'Isle Adam zeigt. Man nimmt an, daß Villiers hier wohnte; er wurde nach Carretto Großmeister, befehligte die Ritter während der türkischen Belagerung und war schließlich gezwungen, die christlichen Fahnen zum Zeichen der Kapitulation einzuziehen.

Dieser Palast steht gegenüber dem ursprünglichen Haupteingang des Hospitals, der direkt in den Krankensaal führte. Daneben liegt hinter einem schmiedeeisernen Gitter ein verträumter, schattiger **Garten** mit einem türkischen Brunnen. Hier lagert das Museum zwischen Palmen und Sträuchern Altertümer, die sonst keinen Platz gefunden haben. Ein verfallenes Bauwerk aus dem 15. Jh. war vermutlich eine der Herbergen der spanischen Zungen, denn das Tor zeigt katalanischen oder aragonischen Stil. Wahrscheinlich ist ein Erdbeben oder die Pulverexplosion von 1856 für die Zerstörung verantwortlich. Die Herberge der deutschen Ritter wurde ebenfalls völlig zerstört, und man weiß nicht einmal, wo sie stand.

Gegenüber dem Garten liegen die **Herberge der Franzosen,** die dazugehörige Kapelle und die Wohnung des Kaplans. Diese Gebäude zeigen durch ihre Pracht und Größe, daß die Franzosen eine beherrschende Rolle im Orden spielten (siehe S. 26).

Die Wappen des Ordens und die der beiden Großmeister, die die Herberge erbauen ließen (d'Amboise und d'Aubusson), sind auf der Fassade eingemeißelt. Über dem Spitzbogenportal steht die Jahreszahl des Baubeginns, 1492, das Jahr der Entdeckung Amerikas.

Es lohnt sich, die Fassade eingehend zu betrachten, denn sie ist besonders schön. Hier ist der gotische Stil vorherrschend, typisch dafür das Wechselspiel der horizontalen und vertikalen Linien über den gewölbten Lagerräumen, die zusammen mit den vier Halbtürmen einen wohlausgewogenen, eleganten Eindruck ergeben – keine kleine Leistung, wenn man bedenkt, daß diese breite Fassade an einer abfallenden Straße liegt.

Zu den ältesten Gebäuden gehört die **französische Kapelle** mit der Nische, in der unter einem Steinbaldachin eine Madonna mit Kind steht. Auch hier finden sich verschiedene Großmeisterwappen, darunter eines von Raymond Béranger (1365–73) – ein Hinweis auf das Alter der Kapelle.

Im ehemaligen Haus des Kaplans daneben hat sich jetzt

Die Pulverexplosion

Diese Katastrophe richtete 1856 in der Altstadt mehr Schaden an als zuvor Suleiman der Prächtige mit seinen 150 000 Soldaten. Die Vorgänge waren ebenso tragisch wie merkwürdig.

Irgendwann im 16. Jh. lagerten die Türken Schießpulver entweder in den Gewölben des Großmeisterpalastes oder in der Johanneskirche. Danach geriet das Versteck in Vergessenheit.

1856, während eines heftigen Gewitters, schlug der Blitz im Großmeisterpalast ein, und Feuer brach aus, das sich mit rasender Geschwindigkeit durch die Tunnel und Gänge ausbreitete, die Kirche und Palast miteinander verbanden. Als die Flammen das Pulverlager erreichten, erschütterte eine furchtbare Explosion die ganze Insel.

Nachdem sich die Rauchwolken verzogen hatten, zählte man 800 Tote, die Johanneskirche und die englische Herberge waren völlig zerstört, der Großmeisterpalast bis auf die Grundmauern niedergebrannt, unzählige andere Gebäude beschädigt und die farbigen Fenster aus dem 14. Jh. in der Marienkirche vernichtet.

Über 50 Jahre lang blieb die Stadt in diesem traurigen Zustand, bis die Italiener einen großen Teil der Gebäude aus dem Mittelalter restaurierten.

das italienische Vizekonsulat eingerichtet. Einige Schritte weiter liegt rechts die **Herberge der Provence** und links die **Herberge der Spanier.** Sie stammen aus dem frühen 15. Jh. und sind weniger prunkvoll als die Herberge der Franzosen.

Hinter dem zweiten Schwibbogen auf der linken Seite stand die Johanneskirche, die Hauptkirche der Ritter, die ebenfalls bei der großen Explosion von 1856 zerstört wurde. Die Italiener bauten 1925 am Mandráki-Hafen eine neue Johanneskirche nach alten, aber stark angezweifelten Plänen (siehe S. 44).

Am oberen Ende der Ippotón liegt die Platía Kleovoúlou, und von hier aus können Sie noch einmal die ganze Straße überblicken; sie hat sich kaum verändert, seit die Ritter 1523 nach Malta zogen.

Bald nach diesem Abzug kam es hier jedoch zu großen Veränderungen. Die Türken brachten ihre Besatzungstruppen in den Herbergen unter, bauten Holzbalkone an die ehrwürdigen Gebäude und machten aus der einst so harmonischen Straße ein zwar recht malerisches, aber überladenes Durcheinander von Baustilen.

Als die Italiener die Insel übernahmen, begannen sie unter der Aufsicht von Archäologen die Ritterstraße zu restaurieren und ihr das ursprüngliche Aussehen zurückzugeben. Sie rissen alle türkischen Anbauten ab und erneuerten so

Diese Stufen führen auf den Hof einer der Ritterherbergen.

originalgetreu wie möglich, was im Laufe der Jahrhunderte verfallen war. Anschließend restaurierten sie die übrige Altstadt, wo nur Moscheen und architektonisch wertvolle Gebäude aus der Türkenzeit stehengelassen wurden.

Ihr größtes Werk haben die italienischen Archäologen und Architekten beim Wiederaufbau des **Großmeisterpalastes** an der Platía Kleovoúlou vollbracht. Die Türken hatten dieses Prachtgebäude als Gefängnis verwendet, und nach Jahrhunderten, in denen es immer mehr verfallen war,

Der strenge, Ehrfurcht gebietende Eingang des Großmeisterpalastes.

wurde es 1856 durch die Explosion des Pulvers in den Kellergewölben des Palastes gänzlich zerstört. Unter dem Palast sollen die Reste eines alten griechischen Tempels liegen, und manche Gelehrte behaupten, man hätte besser daran getan, diesen wieder auszugraben.

Mussolini entschied sich aus politischen Gründen für den Wiederaufbau des Palastes, der dem italienischen Königspaar als Sommerresidenz dienen sollte; die Arbeiten am Palast wurden kurz vor dem Zweiten Weltkrieg beendet.

Der Palast soll ursprünglich 158 Räume enthalten haben – wahrlich eine luxuriöse Behausung für Großmeister, die das Gelübde der Armut abgelegt hatten. Etwa 15 der Räume kann man heute besichtigen. Einige davon bieten einen überwältigenden Ausblick auf Rhodos und den Hafen.

Im Palast finden Sie kostbare römische und frühchristliche Mosaiken, die von den Italienern von der Insel Kos herübergebracht wurden. Das bekannteste ist das große Fußbodenmosaik (1. Jh. n. Chr.) mit den neun Musen.

Die Statuen im Innenhof stammen aus der hellenistischen Zeit; viele von ihnen kommen ebenfalls von Kos. Am Fuß der Freitreppe liegt eine kleine Kapelle mit Fundstücken aus der römischen und frühchristlichen Periode. Bevor Sie den Innenhof verlassen, sollten Sie einen Blick auf die Inschriften beim Eingangstor werfen. Eine stammt aus dem

An zwei Tagen der Woche darf man die Mauern beschreiten.

Jahre 1940, dem »18. Jahr des faschistischen Zeitalters«, die andere, auf griechisch, erinnert die »unbesiegten Bewohner des Dodekanes« daran, daß sie auch »während der Fremdherrschaft die unversiegbare Quelle der ewigen griechischen Kultur, das Ideal der Freiheit«, bewahrt haben – datiert 1947.

Vom Kleovoúlouplatz links abbiegend verlief früher eine Innenmauer, die das Ritterviertel vom Rest der Altstadt abtrennte. Wenn Sie sich jedoch nach rechts wenden, gelangen Sie durch die Orféosstraße und das Antonius-Tor zum **Amboise-Tor,** das 1512 vom Großmeister Aimerie d'Amboise erbaut wurde. Beim Durchschreiten dieses Tores wird Ihnen das Ausmaß der die Altstadt umgebenden Befestigungen erst richtig klar. Eine Steinbrücke über einen inneren Wallgraben führt zu den dikken Tormauern. Nachdem Sie durch den Torbogen gegangen sind, kommen Sie zu der Zugbrücke, die mit drei Bögen den äußeren Wallgraben überquert. Von dieser Brücke aus ist der Blick zurück auf die Torfassade mit den beiden schweren runden Türmen wahrhaft beeindruckend.

Aus dem Mittelalter tritt man unvermittelt in die Gegenwart, denn das Amboise-Tor führt in das moderne Rhodos und die Einkaufsstraßen am Mandráki-Hafen.

Das Amboise-Tor ist ebenfalls ein guter Ausgangspunkt, um einen Rundgang um die

Das vom Großmeister Aimerie d'Amboise erbaute Tor.

Altstadt mit ihren **Wehrmauern** zu unternehmen. Jeder Landsmannschaft war ein bestimmter Sektor der Wälle zur Verteidigung zugewiesen. Das Kernstück des deutschen Abschnitts bildete die Georgsbastion. Die Engländer und Spanier hatten die besonders schwierige Aufgabe, den südlichen Mauerteil zu halten, denn hier steigt das Land an, was die Verteidigung erschwerte. Darum sind die Befestigungen hier noch mächtiger, mit Wehrtürmen und einem doppelten Verteidigungsgraben.

Jetzt ist Ihnen wahrscheinlich klar, warum Suleiman trotz seiner 150 000 Mann starken Armee sechs Monate brauchte, um diese Hochburg des Christentums zu erobern.

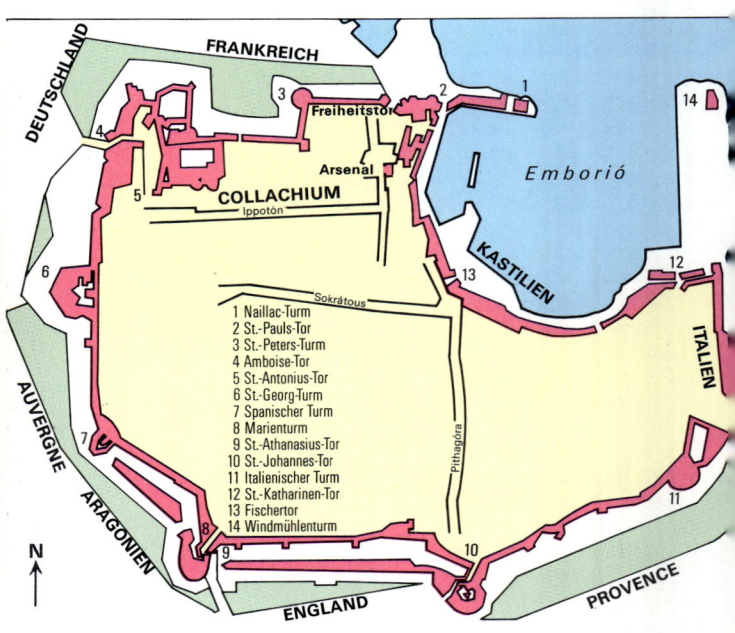

1 Naillac-Turm
2 St.-Pauls-Tor
3 St.-Peters-Turm
4 Amboise-Tor
5 St.-Antonius-Tor
6 St.-Georg-Turm
7 Spanischer Turm
8 Marienturm
9 St.-Athanasius-Tor
10 St.-Johannes-Tor
11 Italienischer Turm
12 St.-Katharinen-Tor
13 Fischertor
14 Windmühlenturm

RITTERFESTUNGEN

Türkenviertel

Am besten beginnen Sie Ihren Ausflug in die Türkenzeit am Platía Kleovoúlou. Gehen Sie die Orféosstraße entlang bis zum Uhrturm linker Hand. Von hier bis hinunter zum Hafen erstreckte sich die Innenmauer, die die Ritterstadt (Collachium) vom Rest der befestigten Stadt trennte. Außerhalb dieser Mauer lebten die Griechen, zugezogene Europäer und Juden. Während der Türkenherrschaft war es den Griechen dann bei Todesstrafe verboten, sich nach Sonnenuntergang im Bereich der Altstadt aufzuhalten.

Der rosafarbene Uhrturm steht auf dem gleichen Platz wie ein von den Rittern im 15. Jh. errichteter Wachtturm, der 1851 von einem Erdbeben zerstört wurde.

Danach kommt man zur **Suleiman-Moschee,** der größten Moschee auf Rhodos. Nie war das Osmanische Reich mächtiger als unter der Herrschaft Suleimans des Prächtigen (1520–66), der die türkischen Truppen von Sieg zu Sieg führte. Nachdem er Rhodos 1522 erobert hatte, begann er mit dem Bau der mächtigen Moschee, um Allah für den Sieg zu danken. 1808 wurde das Gebäude völlig restauriert und erhielt seine heutige Form. Das Portal der Moschee soll von einer byzantinischen Kirche stammen, die vorher dort stand. Im Gegensatz zu den meisten anderen Moscheen, die langsam verfallen, ist die Suleiman-Moschee in gutem Zustand.

Neben der Moschee befindet sich die **Türkische Bibliothek** mit arabischen und persischen Manuskripten in Vitrinen. Besonders beachtenswert sind zwei wunderbar verzierte Ausgaben des Korans aus den Jahren 1412 und 1540.

Jetzt haben Sie die Wahl. Wenn Sie sich nach Souvenirs umsehen möchten, spazieren Sie die **Sokrátous** hinunter. In dieser reizvollen Basarstraße reiht sich ein Laden an den anderen, und das Angebot an Kunsthandwerk – und Kitsch – ist eindrücklich (siehe S. 80). Dann sehen Sie auch auf halbem Wege die **Aga-Moschee,** die Moschee des türkischen Garnisonskommandanten, deren hölzerne Stützpfeiler sich auf der Straße breitmachen.

Wenn Sie es aber vorziehen, Ihren Rundgang noch etwas auszudehnen, gehen Sie die Ippodámou entlang und dann links in die Archeláoustraße, bis Sie zum Platía Aríonos kommen, wo das **Türkische Bad** liegt. Es wurde 1756 erbaut, während des Zweiten Weltkriegs schwer beschädigt, inzwischen aber wieder so weit repariert, daß es benutzbar ist. Der Besuch eines türkischen Bades ist ein Erlebnis von fremdartigem Reiz und sehr erholsam; auch wenn Sie nicht baden wollen, sollten Sie wenigstens die gewölbte Eingangshalle mit dem ausgetretenen weißen Marmorboden bewundern. Der Besuch der Bäder kostet 10 Drachmen.

Sokrátousstraße: Die Türken vergrößerten ihre Häuser durch den Anbau von hölzernen Balkonen.

Das Café am Aríonosplatz lädt zu einer kurzen Ruhepause ein, und der Blick von hier nach Südosten ist wundervoll. Das Minarett, das Sie sehen, gehört zur **Redjeb-Pascha-Moschee,** die 1588 aus den Baumaterialien mehrerer Kirchen errichtet wurde und als die schönste Moschee der Insel galt. Jetzt ist sie so baufällig, daß eine Besichtigung leider nicht möglich ist.

Wir raten Ihnen, jetzt wieder zurück zur Sokrátousstraße zu gehen und ihr bis zum Ippokrátousplatz zu folgen, erkenntlich an dem türkischen Brunnen mit dem Mini-Minarett. Hier steht auch das Handelsgericht der Ritter, die **Kastellania.** Das Gericht wurde vom Großmeister d'Amboise erbaut und 1507 beendet, zwei Jahre vor Vollendung der französischen Herberge; daher auch die typisch französischen Wasserspeier mit der Lilie und der Echse.

Das Erdgeschoß diente den Kaufleuten als Börse, während im Obergeschoß von den Rittern Recht gesprochen wurde. Wenn das Gericht zusammentrat, wurden die Ritterfahnen aufgestellt; man sieht noch die Halterungen dafür.

Wenden Sie sich nach rechts und gehen Sie die Hafenmauern entlang bis zum Platía Evréon Martíron (Platz der Jüdischen Märtyrer) und dem alten **Judenviertel.** Der **Seepferdchen-Brunnen** hier ist mit wunderschönen blauen Kacheln, die Meerestiere und Muscheln zeigen, geschmückt. Den Namen erhielt er von den drei Seepferdchen aus Bronze, deren Köpfe sich über dem Brunnen berühren.

Im **Erzbischöflichen Palast** an diesem Platz, in einem Mischstil aus Gotik und Renaissance errichtet, soll das Oberhaupt der griechisch-orthodoxen Gemeinde vor dem Einfall Suleimans residiert haben.

Der Martíronplatz erinnert

Seepferdchen-Brunnen auf dem Platz der Jüdischen Märtyrer.

an zeitgenössische Ereignisse. 1934 lebten 6000 Juden in dem jahrhundertealten Judenviertel. 1939 waren bereits 4000 ausgewandert. Als deutsche Truppen im Juli 1943 die Insel einnahmen, wurden die letzten 2000 Juden auf diesem Platz zusammengetrieben und in Konzentrationslager verschickt. Nur 50 blieben am Leben. Heute wohnen noch sieben jüdische Familien auf Rhodos. Die Synagoge befindet sich in der Dosiádoustraße.

Vom Martíronplatz aus schlagen Sie die Gasse parallel zur Aristotélousstraße ein, bis Sie zur Damagítou kommen. Hier liegt mitten im türkischen Basar die **Ibrahim-Pascha-Moschee.** Ibrahim, der uneheliche Sohn eines griechischen Seemannes, wurde als Sklave an die Türken verkauft, die ihn zum Soldaten und Diener ausbildeten. Er muß sich die Gunst seines Herrn erworben haben, denn er heiratete die Schwester des Sultans und war von 1523 bis 1536 der ungekrönte Herrscher des Osmanischen Reiches. Dann ließ der Sultan ihn ohne ersichtlichen Grund erwürgen.

Die 1531 gebaute Moschee wurde ebenfalls von den Italienern renoviert, die sie mit einem neuen Minarett versahen. Unter der Platane daneben wurden die Griechen hingerichtet, die gegen das nächtliche Ausgehverbot verstoßen hatten.

Von hier aus können Sie durch die Gassen des alten Basars zurück zur Sokrátousstraße wandern und dort etwa noch Andenken kaufen. Oder vielleicht gehen Sie südwärts zur alten Stadtmauer und spazieren durch stille Straßen die Wälle entlang bis zum Hafen.

Die Suleiman-Moschee am oberen Ende der Sokrátousstraße.

Neustadt

Da es den Griechen während der Türkenherrschaft unter Todesstrafe verboten war, die Nacht innerhalb der Stadtmauern zu verbringen, waren sie gezwungen, sich außerhalb davon neue Häuser zu bauen. So entstand im Laufe der Jahrhunderte der Teil, der heute Néa Chóra oder Neustadt genannt wird, obwohl diese Gegend schon in alten Zeiten besiedelt war und bei Bauarbeiten regelmäßig Spuren der Antike freigelegt werden. Der nördliche Teil der Neustadt mit den modernen Hotels, Geschäften, Banken und Verwaltungsgebäuden trägt seinen Namen jedoch zu Recht, denn er ist weniger als 100 Jahre alt.

Ihren Rundgang beginnen Sie am besten beim Büro der Griechischen Zentrale für Fremdenverkehr an der Ecke Makaríou- (benannt nach dem zypriotischen Erzbischof Makarios) und Papágoustraße. Wenn Sie der Makaríou bis zum Platía Kíprou (Zypernplatz) folgen, sind Sie mitten im Einkaufsviertel. Hier finden

Das Aquarium, rechts hinter dem Badestrand, liegt an der Nordspitze der Insel. Sie können den Besuch auch als Abendspaziergang planen.

NEUSTADT

1 Fremdenverkehrsamt und Touristenpolizei
2 Post-, Telefon- und Telegrafenamt
3 Gouverneurspalast
4 Evangelismós-Kirche
5 Rathaus
6 Néa Agorá
7 Nationaltheater
8 Aquarium
9 Murad-Reis-Moschee
10 Jachtklub
11 Kastell St. Nikolaus
12 Aphrodite-Tempel
13 Großmeisterpalast
14 Ton- und Lichtschau

Sie Schmuck, Kleidung, Pelze, Töpfereien, Andenken und Scharen von Touristen. Gehen Sie die Galliasstraße entlang in Richtung Hafen weiter, und Sie kommen zur **Néa Agorá** (Neuer Markt). Diese kuppelgekrönte Anlage ist im Stil eines orientalischen Basars errichtet, und im ungedeckten Innenhof finden Sie farbenprächtige Stände mit Früchten, Gemüse, Fleisch, Fisch und Blumen. Abends verwandelt sich der Markt in ein Freiluft-Restaurant.

Der Markt hat ebenfalls einen Eingang am **Mandráki-Hafen;** dort lagen einst die Galeeren der Ritter, heute abgelöst von Motorbooten, Jachten und Ausflugsschiffen. Der Name Mandráki leitet sich von einem griechischen Wort ab, das »Herde« bedeutet, und erklärt sich vielleicht daraus, daß hier früher die Schafherden zum Markt gebracht wurden.

An der Hafeneinfahrt stehen zwei Standbilder, die Wahrzeichen von Rhodos: **Hirsch und Hirschkuh.** Lebendiges Wild gibt es aber auch auf der Insel. Es grast in den Wallgräben der Altstadt, und in den Bergen kann man ab und zu ebenfalls Hirsche beobachten. Sie waren auf den Rat des Orakels von Delphi auf die Insel gebracht worden, um die Schlangenplage zu beseitigen, denn angeblich ertrugen die Schlangen den Geruch der Hirsche nicht. Das Mittel scheint sich bewährt zu haben, und so kam Rhodos zu seinen Wahrzeichen.

Die drei **Windmühlen** auf der Mole versorgten im Mittelalter auslaufende Schiffe mit Mehl. Die segelbespannten Flügel drehen sich noch, aber die Mühlsteine mahlen kein Korn mehr. Weitere 14 Mühlen, die bei einem Erdbeben zerstört wurden, standen am Emborió, dem einstigen Kriegshafen, der heute Schiffe mit größerem Tiefgang aufnehmen kann. Der dritte Hafen, Akándia, wurde von den Italienern hauptsächlich als Schiffswerft und Trockendock gebaut.

Am Mandráki-Hafen liegen die Ausflugsschiffe für Fahrten entlang der Küste und zu den umliegenden Inseln. Wenn Sie keinen Wert auf Bequemlichkeit legen – und einen gelegentlichen Spritzer nicht scheuen –, sollten Sie es mit einem der Kaïks oder breiten Fischerboote versuchen, die seit Jahrhunderten im Ägäischen Meer verwendet werden.

Das **Hafenkastell St. Nikolaus** am Ende der Mole, im 15. Jh. zum Schutz gegen türkische Angriffe erbaut, dient heute als Leuchtturm. Eine kleine Kapelle im Innern des Kastells ist St. Nikolaus, dem Schutzpatron der griechischen Seeleute, geweiht.

Die Verwaltungsgebäude am Mandráki-Hafen stammen alle aus der italienischen Besatzungszeit, und jedermann, von Kunsthistorikern bis zu den Inselbewohnern, hat etwas an den schweren, schmucklosen Bauten auszusetzen. Der Hauptvorwurf lautet, daß sie italienisch und nicht griechisch aussehen.

Hier stehen der Justizpalast, das Büro des Hafenmeisters und das Postamt (OTE). Ihnen vorgelagert ist die **Evangelismós-Kirche,** der Sitz des Erzbischofs des Dodekanes. Sie ist eine Nachbildung der Johanneskirche, die vor der Pulverexplosion beim Großmeisterpalast lag (siehe S. 32).

Weiter nördlich erheben sich das erzbischöfliche Palais und der an den Dogenpalast in Venedig erinnernde Gouverneurspalast *(Nomarchía),* der jetzt die Präfektur beherbergt. Der zum Meer hin geöffnete Platz daneben trägt den Namen des griechischen Admirals Periklís Ioannídis, der die *énosis* unterzeichnete, also den Vertrag, der die Inseln des Dodekanes 1947 endlich mit Griechenland vereinigte.

Auf der der Stadt zugewandten Seite des Palastes liegt der

Diese Windmühlen mahlten einst Korn für die ausfahrenden Schiffe.

nach dem griechischen König Georg I. benannte Platz mit dem Rathaus, dem Nationaltheater und, um die Ecke, dem Klassischen Theater von Rhodos. Den nördlichen Abschluß des Hafens bildet der exklusive Jachtklub. Ihm schließt sich der Elli-Klub an, ein Strandbad, dessen Umkleidekabinen Sie gegen eine geringe Gebühr benutzen können. Hier beginnt auch der öffentliche Strand, der sich um die ganze Inselspitze herum erstreckt.

Ein zierliches, weißes Minarett in der Nähe des Strandklubs weist Ihnen den Weg zur **Murad-Reis-Moschee** und dem türkischen Friedhof. Murad Reis, ein gefürchteter Seeräuber, fiel als Admiral der Flotte Suleimans II. bei der Belagerung von Rhodos. Sein Grab befindet sich im Mausoleum neben der Moschee, hinter einem schattigen, schön gepflasterten Vorhof. Vergessen Sie nicht, vor dem Eintreten Ihre Schuhe auszuziehen.

Unter Pinien und Eukalyptusbäumen liegen auf dem **Friedhof** die sterblichen Überreste der türkischen Würdenträger. Einfache, in einen Spitzbogen auslaufende Steine zeigen die Frauengräber an, während die Männergräber von einem Turban überragt sind. Je bedeutender die Stellung des Toten, desto prächtiger sein Turban. Begräbnisstätten von Adligen oder Hofbeamten sind durch Säulenbogen gegen Sonne und fallende Blätter geschützt. Hier fanden einstige Großwesire und Paschas und

Das elegante, fein verzierte Minarett der Murad-Reis-Moschee.

sogar ein persischer Schah ihre letzte Ruhestätte.

Nordwärts an der Inselspitze kommen Sie zu dem von den Italienern erbauten **Aquarium** *(Enidrío)*. Innen führt eine Wendeltreppe ins Untergeschoß, wo Sie hinter dicken Glaswänden Kraken, geflecke Muränen und andere Meeresbewohner betrachten können.

Hier an der Nordküste fand 1929 ein Fischer die Meervenus, eine Statue aus dem 3. Jh. v. Chr., in seinen Netzen, heute eines der schönsten Stücke im Archäologischen Museum von Rhodos (siehe S. 27).

Überreste des Kolosses von Rhodos dagegen werden Sie vergeblich suchen. Das einzige, was Sie finden, sind Postkarten, die ihn am Mandráki-Hafen zeigen – während er nach Ansicht der Historiker wahrscheinlich in der Nähe des Großmeisterpalastes stand (siehe S. 13).

2300 Jahre alte Aphrodite, in diesem Jahrhundert an Land gespült.

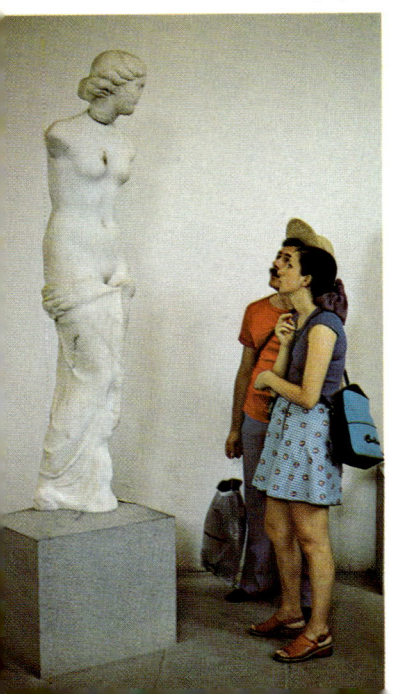

Umgebung der Stadt Rhodos

Der wahrscheinlich schönste Ausflug, den man auf Rhodos unternehmen kann, führt nach Líndos (siehe S. 53), und Sie haben die Wahl unter drei Verkehrsmitteln: Bus, Schiff oder Mietwagen. Ein weiteres interessantes Ziel ist Kámiros, eine Stadt, die im 16. und 15. Jh. v. Chr. ihre Blütezeit erlebte (siehe S. 62). Aber auch ganz in der Nähe der Stadt Rhodos gibt es lohnende Ausflugsziele.

MONTE SMITH

Vom Busbahnhof in der Nähe der Néa Agorá führt die Linie 5 zum Hügel Ágios Stefanós oder Monte Smith. Wenn Sie zu Fuß gehen wollen, folgen Sie der Makaríou- zur Diagoridónstraße. Die Entfernung beträgt etwa 3 km, und der Weg steigt nur allmählich an.

Wir schlagen vor, daß Sie diesen Ausflug am frühen Abend unternehmen, denn dann ist der Ausblick über das in der Sonne glitzernde Meer auf die Insel Sími und die türkische Küste atemraubend. Benannt ist diese Anhöhe nach dem englischen Admiral Sir Sydney Smith, der hier von einem Wachtturm aus Napoleons Flotte beobachtete.

Auf dem Monte Smith liegen die Überreste des dorischen **Apollontempels,** der seit Jahrtausenden den Schiffen zur Orientierung dient. Er wurde beim Erdbeben um das Jahr 225 v. Chr., das auch den Koloß zerstörte, sehr schwer beschädigt, und übrig blieben nur einige Säulen, die teilweise von den Italienern restauriert wurden.

Auf diesem Hügel lag die ursprüngliche Akropolis* von Rhodos. Einige Archäologen vertreten die Ansicht, daß die Reste einer weiteren Akropolis unter dem Großmeisterpalast in der Altstadt liegen.

Das **Theater** aus dem 2. Jh. v. Chr. unterhalb des Tempels wurde ebenfalls von den Ita-

---
* Die Zitadelle der griechischen Städte auf dem Burghügel.

Dorische Säulen, Überreste der Akropolis auf dem Monte Smith.

lienern in weißem Marmor wiederhergestellt; nur die untersten drei Sitzreihen waren unbeschädigt. Es wird manchmal behauptet, daß dies das Odeion, der Freilichthörsaal der berühmten Rednerschule, gewesen sei und hier nicht Schauspieler auftraten, sondern Rhetoriklehrer unterrichteten.

Sollte es stimmen, so wurde die Konzentration auf die Redner sicher durch die Athleten im nahegelegenen **Stadion** aus der gleichen Periode gestört. Die teilweise restaurierte Anlage ist 200 m lang und 35 m breit und gibt uns einen Eindruck davon, wie Stadien zur Zeit der Olympischen Spiele im Altertum aussahen.

Im Glanz des Neuen präsentiert sich das Theater – nach Meinung einiger eher eine Rednerschule.

RODINI-PARK

Wenn Sie sich abends im Freien amüsieren wollen oder tagsüber einen Spaziergang in ruhiger, landschaftlich reizvoller Umgebung machen möchten, fahren Sie nach Rodíni. Die Italiener gestalteten das schattige, schmale Tal zu einem großen Park mit Bächen, verschlungenen Pfaden, Oleander, Zypressen und Agaven.

In der Umgebung des Parks liegen zahlreiche Grabbauten aus der Antike, darunter auch das sogenannte **Ptolemäergrab** *(Táfos ton Ptoleméon)*. Das mit dorischen Halbsäulen geschmückte hellenistische Felskammergrab wurde 1924 von den Italienern restauriert.

Ptolemaios, ein General Alexanders des Großen, erkämpfte sich die Herrschaft über Ägypten, und seine Nachkommen regierten das Land 250 Jahre lang, bis das Geschlecht mit Kleopatra ausstarb. Es ist jedoch unwahrscheinlich, daß einer der Ptolemäer hier bestattet ist.

Auch ein Nachtlokal und ein Restaurant haben sich im Rodíni-Park niedergelassen, das ehedem bekannte Weinfest hingegen hat ausgelebt. Sie müssen dennoch keinen Verzicht leisten, man bietet Touristen laufend neue Feste.

Wenn Sie mit dem Auto unterwegs sind, müssen Sie die Straße Nr. 1 entlang der Ostküste nehmen; der Park ist 3 km von der Stadt entfernt. Busse nach Rodíni fahren jede halbe Stunde vom Busbahnhof bei der Néa Agorá ab.

KALLITHEA

Die Italiener versuchten Kallithéa als Thermalbad zur Heilung von Gicht, Rheumatismus, Zuckerkrankheit sowie Nieren- und Leberkrankheiten bekanntzumachen (schon Hippokrates soll hier Kuren verschrieben haben), aber der Versuch war nicht von Erfolg gekrönt, und die Gebäude sind heute verfallen. Die Parkanlagen jedoch sind sehr hübsch, manchmal fast menschenleer, und in der kleinen Bucht gibt es ausgezeichnete Schwimm- und Tauchmöglichkeiten.

Mit dem Auto fahren Sie in Richtung Líndos und folgen dann den Wegweisern nach Thérme Kallithéas. Die Entfernung beträgt etwa 10 km von Rhodos, und während des Sommers verkehren direkte Busse von der Néa Agorá aus.

Ausflüge

Líndos und die Ostküste

Die Akropolis von Líndos, hoch über dem Meer auf einem Felsplateau gelegen, gehört zu den großen Sehenswürdigkeiten von Rhodos. Wenn Sie durch das bescheidene Fischerdorf an ihrem Fuße wandern, fällt es Ihnen sicher schwer, sich vorzustellen, daß Líndos einst die bedeutendste Stadt der Insel war und Kolonien in Spanien und Sizilien sein eigen nannte.

Líndos liegt etwa 55 km von Rhodos entfernt, und man sollte einen ganzen Tag für den Ausflug reservieren. Die Fahrt auf der Autostraße entlang der Ostküste führt durch eine üppige Landschaft, am Rodini-Park (siehe S. 49) und an malerischen Dörfern vorbei.

Eine streckenweise neue Straße führt zügig die Küste entlang. Wer es nicht eilig hat und das Land genießen möchte, wird die alte Straße landeinwärts bevorzugen, die viele malerische Dörfer berührt.

Das erste Dorf heißt Asgouroú und ist 6 km von Rhodos entfernt. Früher einmal war es ein türkischer Ort, und man sieht hier noch zur Rechten das Minarett der ziemlich verfallenen Moschee.

Einige Kilometer zur Linken liegt auf einer Erhöhung das Dorf Koskinoú, dessen gepflegte Häuser, Innenhöfe und Gärten eine Freude für das Auge sind.

Eine Abzweigung, 8 km von Asgouroú entfernt, führt zum langen, flachen Sandstrand von Falirákí, wo in den letzten Jahren einige Hotels gebaut wurden (siehe S. 91). Einige Kilometer weiter, oberhalb der Afándou-Bucht, liegt ein Golfplatz (siehe S. 94).

Der Name des nächsten Dorfes an der alten Straße, Afándou, bedeutet wörtlich »unsichtbar«, und tatsächlich schützt seine Lage es vor Angreifern, ob Türken oder Seeräubern. Auch heute ist der älteste Teil des Dorfes von der Straße aus nur schwer zu entdecken. Bei Afándou beginnen ausgedehnte Obstpflanzungen. Hauptsächlich Aprikosen werden hier angebaut. Eine andere Erwerbsquelle sind die von den Frauen gewebten farbenprächtigen Teppiche.

Nach weiteren 7 km erreichen Sie Kolímbia. Rechts von der Straße liegt ein künstlicher Wasserfall; er speist die in der Gegend angelegten Bewässe-

RHODOS

rungsgräben – ein Bestandteil der von den Italienern in den dreißiger Jahren eingeführten neuen Ackerbaumethoden.

Wenn Sie einen Umweg von etwa 5 km in Kauf nehmen, kommen Sie nach EFTÁ PIGÉS (Sieben Quellen), woher das Wasser für den eben erwähnten Wasserfall stammt. Das kleine Restaurant im Schatten von Pinien lädt zur Rast ein, einige Tische stehen sogar auf Felsblöcken mitten im Bach! Ein kurzer Spaziergang über einen holperigen Pfad führt zu einem kleinen künstlichen See, der von den sieben Quellen gespeist wird.

Auf der Fahrt haben Sie wahrscheinlich die blumengeschmückten Kappellchen am Straßenrand bemerkt, mit ihren von Olivenöl gespeisten Ewigen Lichtern. Sie sind verschiedenen griechischen Heiligen oder der *Panagía*, der Jungfrau Maria, geweiht. Auch während der jahrhundertelangen Türkenherrschaft haben die rhodischen Christen ihren Glauben bewahrt und diese Altäre gepflegt.

Südlich von Kolímbia führt eine Abzweigung zu einem der schönsten Sandstrände an der Ostküste, dem noch verhältnismäßig unbevölkerten TSAMBÍKA-Strand. Wenn Sie den Weg auf den dahinter liegenden Hügel einschlagen, kommen Sie zu der Wallfahrtskirche MONÍ TSAMBÍKA in wunderschöner Umgebung, und oben angelangt genießen Sie den Blick auf den höchsten Berg der Insel, den Attáviros.

ARCHÁNGELOS, eines der größten Inseldörfer, breitet sich inmitten ausgedehnter Obstpflanzungen aus. Apfelsinen, Zitronen, Feigen, Oliven und Weintrauben gedeihen in dieser fruchtbaren Landschaft in üppiger Fülle. Oberhalb der

Im versteckten Dorf Afándou werden kunstvolle Teppiche gewebt.

Ortschaft liegt eine Festung aus dem 15. Jh., gebaut vom Großmeister Orsini; sehenswert ist auch der Dorffriedhof mit buntverzierten Grabmälern.

Archángelos ist ebenfalls bekannt für seine Stiefel aus weichem Schafsleder. Sie gehen bis zum Knie, werden aber bis auf die Knöchel umgeschlagen. Die Frauen tragen sie schon von alters her als Schutz gegen Schlangenbisse. Die Stiefel sind hübsch und bequem, und wenn Sie genug Zeit haben, können Sie sich ein Paar nach Maß anfertigen lassen.

Bei der Weiterfahrt nach MALÓNA kommen Sie durch riesige Olivenhaine, die das Bild der Landschaft bestimmen. Im Frühling ist es hier besonders schön, denn die Erde bedeckt sich mit einem farbenprächtigen Blumenteppich. Die Wegweiser nach CHARÁKI führen zu einem Fischerdorf, das von der Ritterburg FERAKLÓS überragt wird. Nachdem Sie hier hinaufgeklettert sind, werden Sie sich am nahen Strand gerne ausruhen.

Etwa 2 km nach dem kleinen Dorf KÁLATHOS gabelt sich die Straße: rechts führt sie zum Kap Prassonísi, an der Südspitze der Insel, wo nur ein einsamer Leuchtturm steht; der Weg nach Líndos biegt links ab.

Wenn Sie schließlich nach einer letzten Windung den höchsten Punkt der Steigung erreichen, genießen Sie den zauberhaften Blick auf den alten Hafen von Líndos, über dem hoch oben die Akropolis Wache hält.

Líndos besitzt den einzigen Naturhafen der Insel und entwickelte sich daher zu einer der bedeutendsten Handelsstädte des Altertums mit ungefähr

Mieten Sie hier Ihren Esel für den Aufstieg zur Akropolis von Líndos.

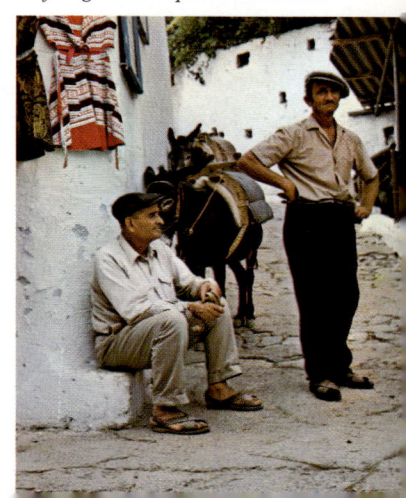

17 000 Einwohnern – heute zählt man bloß um die 700. Die meisten Gassen sind so eng, daß nur Esel gerade noch durchkommen.

Es gibt nur eine Hauptstraße; folgen Sie ihr von der Bushaltestelle bis zum Anstieg zur Akropolis, und Sie kommen zu einer byzantinischen Kirche aus dem 15. Jh., der **Marienkirche** *(Panagía)*. Innen befinden sich Fresken aus dem 18. Jh., geschaffen von Gregor von Sími. Der Boden ist mit Mosaiken aus schwarzen und weißen Meerkieseln geschmückt, *chochláki* genannt, die typisch für einige der ägäischen Inseln sind; man sieht ähnliche Mosaiken in vielen Häusern und Innenhöfen.

Líndos' größte Sehenswürdigkeit ist natürlich die **Akropolis** mit dem Tempel aus dem 4. Jh. v. Chr. und den von den Johannitern erbauten mittelalterlichen Befestigungen.

Man kann die Stufen zur Akropolis zu Fuß erklimmen, sollte aber feste Schuhe tragen – von hohen Absätzen ist unbedingt abzuraten. Wem der Aufstieg zu beschwerlich ist, der kann für ein paar Drachmen einen Esel mieten, der ihn hinaufträgt (aber auch hinunter). Aber wie Sie hinaufkommen, ist nicht wichtig, Hauptsache ist, daß Sie diesen Ausflug nicht versäumen, der Sie mit dem überwältigenden Blick über den Hafen und der majestätischen Schönheit der Akropolis belohnt.

Als erstes erreichen Sie eine zypressenumsäumte Terrasse mit einer mächtigen Zisterne aus byzantinischer Zeit, und die nächste Atempause vor dem letzten Teil des Anstieges ist vor einem in den Felsen gehauenen **Relief** aus dem 2. Jh. v. Chr., das ein griechisches Kriegsschiff, eine sogenannte Triere, zeigt. Der Sockel davor trug einst die Statue des Hagesandros, eines Poseidon-Priesters. Sie wurde 180 v. Chr. errichtet, um ihm dafür zu danken, daß er die Bewohner von Líndos beschützt hatte.

Wenn Sie nun die Treppen hinaufsteigen, kommen Sie zum Haupteingang des Kastells, der in eine dunkle, gewölbte Halle führt. (Die Festung ist von Montag bis Samstag 9–15.15 Uhr geöffnet, an Sonn- und Feiertagen 10–14 Uhr.)

Etwas weiter befinden sich die Kommandanten-Wohnung und die Ruine einer byzantinischen Kirche (13. Jh.). Dieser Teil der Akropolis wird von einer 88 m breiten dorischen Säulenhalle beherrscht (erbaut um 208 v. Chr.). Über eine weitausladende Freitreppe gelangen Sie zu einer höhergelegenen Terrasse mit den Resten der Propyläen, der Vorhalle aus dem 5. Jh. v. Chr.; die Säulen wurden in diesem Jahrhundert von italienischen Archäologen wieder aufgerichtet.

Auf der obersten Terrasse erblickt man nun den **Tempel der Athene Lindia,** der überraschend klein ist, nur 22 m lang und 8 m breit. Er liegt am Rande des fast 120 m jäh zum Meer abfallenden Felsens.

Majestätisch überragt die Akropolis von Lindos den Hafen des Dorfes.

Der Tempel stammt aus der zweiten Hälfte des 4. Jh. v. Chr. und steht an der Stelle, an der sich zuvor ein 342 v. Chr. bei einem Brand zerstörter Tempel des Kleobulos erhob.

Er ist in dorischem Stil gebaut, aber im Gegensatz zu den meisten Tempeln aus dieser Epoche hatte er nur an der Vorder- und Rückseite Säulen. Auch seine Ausrichtung ist außergewöhnlich, denn meistens liegen die griechischen Tempel auf einer Ost-West-Achse, während dieser von Nordosten nach Südwesten angeordnet ist und sich so ganz natürlich in das vom Felsen gebildete Dreieck einfügt.

Überreste der dorischen Säulenhalle auf dem fast 120 m hohen Felsen.

Der Kult der Athene verbindet sich mit der Vorstellung von Fruchtbarkeitsriten aus vorhellenischer Zeit. Aber eine Chronik des Tempels, die Anfang dieses Jahrhunderts entdeckt wurde und sich jetzt im Nationalmuseum von Kopenhagen befindet, lehrt uns, daß hier nie Tieropfer gebracht und kein Feuer unterhalten wurde.

Von der Akropolis sehen Sie hinunter auf **Ágios Pávlos Limáni** (Hafen des Apostels Paulus) mit der ihm zu Ehren errichteten Kapelle; hier soll Paulus 51 n. Chr., unterwegs von Ephesus und Troja nach Syrien, bei einem Sturm Zuflucht gesucht haben.

Versäumen Sie auf dem Rückweg nicht, durch die verwinkelten Gassen des Dorfes mit ihren weißgetünchten ku-

AKROPOLIS VON LINDOS

bischen Häusern im typisch ägäischen Stil zu schlendern. Beachten Sie vor allem die sogenannten **Kapitänshäuser** aus dem Mittelalter mit den monumentalen Eingängen und den darüberliegenden Kapitänszimmern, von denen aus man die ein- und auslaufenden Schiffe überwachen konnte. Besonders sehenswert sind die Häuser von Ioánnis Krékas und Papás Konstandínos. Die Türen stehen offen, treten Sie also ein und bewundern Sie die Innenräume.

Es gibt in Líndos einige Pensionen (eine direkt am Strand) und zahlreiche Privatzimmer, Sie können also Unterkunft für die Nacht finden. Hier haben Sie auch Gelegenheit, im Ort hergestellte Töpferwaren und Spitzen zu kaufen.

Der Südteil der Insel

Wenn Sie eine Rundfahrt um die Insel unternehmen, dürfen Sie nicht vergessen, daß die Straße zwischen Kattaviá und Monólithos nicht asphaltiert ist.

Wer unterwegs vor allem schwimmen und sonnenbaden möchte, sollte der Straße entlang der Ostküste nach PLIMÍRI folgen. Hier liegt eine weite Bucht, die sich bis zum KAP VÍGLOS hinzieht. Zwischen GENNÁDI(ON) und Plimíri erstrecken sich fast leere Sandstrände.

Die Landschaft ist ziemlich trostlos, und die Tankstelle ist beinahe die größte Sehenswürdigkeit von KATTAVIÁ, dem südlichsten Dorf der Insel. Von ÁGIOS PÁVLOS zum KAP PRASSONÍSI gibt es keine befestigte Straße. Bis zum einsamen Leuchtturm führen 10 km Naturpfad.

Richtung Norden führt die Straße von Kattaviá nach Monólithos durch eine Ebene; von APOLAKKIÁ an windet sie sich hinauf in die Berge, von wo man herrliche Ausblicke hat.

Vor der Abfahrt sollten Sie sich vergewissern, daß der erste und zweite Gang und die Reifen Ihres Mietwagens in gutem Zustand sind. Hier und da wird ein Zimmer von Privat vermietet, und wenn alle Stricke reißen, klopfen Sie voll Gottvertrauen beim Kloster von SKIÁDI an.

Der Esel, ein nützlicher Gefährte für die Arbeit in Feld und Hain.

Kámiros und die Westküste

Die antike Stadt Kámiros, die schon zur Zeit Christi verlassen wurde, liegt nur 34 km von Rhodos entfernt. Die Fahrt entlang der Westküste nach Kámiros und darüber hinaus führt zu mehreren Orten, die einen Umweg wert sind, wie etwa Filérimos, Monólithos und das Tal der Schmetterlinge.

Wenn Sie die Stadt Rhodos verlassen und nach Südwesten fahren, kommen Sie in das Dorf TRIÁNDA, das im 16. Jh. v.Chr. kretische Seefahrer besiedelten. Ein Jahrhundert später wurde es wahrscheinlich von einer gewaltigen Flutwelle zerstört, als die Kykladeninsel Thera (das heutige Santoríni) bei einem Vulkanausbruch buchstäblich zersprang. Heute säumen die Bucht von Triánda einige beliebte Hotels.

In Triánda halten Sie sich links und nehmen die steile Serpentinenstraße (wer mit dem Bus kommt, muß diesen Teil zu Fuß bewältigen) nach **Filérimos** oder Iálissos, wie es in antiker Zeit hieß. Ursprünglich wohl von den Phöniziern besiedelt, wurde es nach der Zerstörung durch die Grundwelle von den Achäern erobert, die die Stadt in Achaia umbenannten. Aber erst unter den Doriern wuchs sich Iálissos zu einem Stadtstaat aus, der Líndos und Kámiros gleichkam.

Die strategische Bedeutung

von Iálissos – 267 m über dem Meer auf einem Gipfel gelegen, von dem man die ganze Insel und die türkische Küste überblickt – ist offensichtlich. Hier begannen die Ritter 1309 ihren Kampf gegen die Byzantiner, der zur Eroberung der Insel führte, und die Ironie der Geschichte wollte es, daß auch Suleiman der Große die letzte Phase der Belagerung von 1522 von hier aus überwachte.

Von dem dorischen Tempel aus dem 4. Jh., der Athene und Zeus gewidmet war, ist nur wenig erhalten. Die aus dem 14. Jh. stammende **Muttergotteskirche** hingegen wurde immer wieder aufgebaut. Von den Rittern wurde sie umgestaltet, von den Türken als

Muttergotteskirche von Filérimos aus dem 14. Jh. (mehrmals umgebaut).

Stall benutzt, von den Italienern zu Beginn des 20. Jh. restauriert, 1943 bei den heftigen Kämpfen gegen die Deutschen weitgehend zerstört und in den fünfziger Jahren wiederhergestellt.

Hinter der Kirche liegt ein ebenfalls von den Italienern restauriertes **Kloster,** das einen Eindruck von Frieden und Weltabgeschiedenheit vermittelt. Es wird noch immer von Mönchen bewohnt, und über dem Eingang zu jeder Zelle befindet sich eine Kachel mit einer der Inselblumen.

Versäumen Sie auch nicht, die unterirdische **Georgskapelle** vor dem Tempel zu besichtigen. Das Innere ist mit restaurierten Fresken aus dem 14. und 15. Jh. geschmückt, die Szenen aus dem Leben Jesu zeigen. An der Rückwand befindet sich ein in den Stein gemeißeltes frühchristliches Kreuz, das unter dem Mörtel der Fresken entdeckt wurde.

Auf dem Hügel liegen ebenfalls eine byzantinische Kirche aus dem 11. Jh. und ein Kreuzweg, der von den Italienern erbaut wurde.

Ein Stufenpfad neben dem Kreuzweg führt hinunter zu einem **dorischen Brunnen** aus dem 4. Jh. v. Chr., der einst als heilige Quelle galt, aber jetzt versiegt ist. Zwei der sechs Säulen, die ehemals das Vordach trugen, wurden von den Italienern wiederhergestellt.

Öffnungszeiten: Von Montag bis Samstag 9–15.15 Uhr, Sonn- und Feiertage 10–14 Uhr.

Wenn Sie auf der Küstenstraße nach Kámiros weiterfahren, gelangen Sie bald nach KREMASTÍ.

Kremastí bedeutet im Griechischen »hängend«, und die ersten hoch an den Hügel geschmiegten Häuser des Dorfes sehen tatsächlich so aus, als ob sie dort aufgehängt worden wären. Die Dorfschule ist seltsamerweise im amerikanischen Kolonialstil erbaut, denn sie wurde mit Spenden von Dorfbewohnern finanziert, die in die Vereinigten Staaten ausgewandert waren. Im August wird in Kremastí ein großes Volksfest abgehalten, bei dem religiöse Feierlichkeiten, Volkstänze und sportliche Wettkämpfe miteinander abwechseln (siehe S. 72).

Das nun folgende PARADÍSION war früher ein hübsches Bauerndorf, aber der neue Flughafen hat es vollkommen verändert – wo einst der Marktplatz lag, erheben sich heute die Abfertigungsgebäude.

Hinter Paradísion führt eine Abzweigung links nach dem 7 km entfernten PETALOÚDES (wörtlich »Schmetterlinge«) und dem **Tal der Schmetterlinge.** Das enge Tal ist dicht mit Kiefern und Storaxbäumen bestanden. Der an der türkischen Mittelmeerküste heimische Storaxbaum enthält ein nach Vanille duftendes Harz, aus dem auch Weihrauch hergestellt wird. Dieses süßriechende Harz lockt die Quadrina-Schmetterlinge *(Callimorpha quadripunctaria)* an, die zwischen Juni und Ende September das Tal zu Hunderttausenden bevölkern.

Wenn die Flügel dieser Schmetterlinge gefaltet sind, ist es fast unmöglich, sie zu erkennen, denn sie haben die gleiche Farbe wie die Storaxbäume und die Felsen. Wenn sie jedoch auffliegen, entfalten sich die Flügel in prächtigem schwarz, braun, weiß und rot.

Der Name *Quadrina* kommt von der Markierung auf der Innenseite der Vorderflügel, die entweder vier Punkte oder eine römische IV zeigen.

Feste Wanderschuhe sind für einen Spaziergang auf den schmalen Pfaden und Holzbrücken anzuraten. Es ist ein phantastischer Anblick, wenn man die Schmetterlinge durch Pfeifen oder Händeklatschen aufscheucht und sie sich als riesige Farbwolke erheben.

Vom Parkplatz am Taleingang können Sie jetzt entweder 5 km weiter nach PSÍNTHOS fahren, wo 1912 die entscheidende Schlacht zwischen Türken und Italienern geschlagen wurde, oder zur Küstenstraße zurückkehren.

Das Dorf SORONÍ an der Küstenstraße ist bekannt für seine Festspiele zu Ehren des heiligen Soúlas (siehe S. 72).

In KALAVÁRDA, 6 km von Soroní entfernt, gabelt sich die Straße. Links kommen Sie zu dem 789 m hohen Berg PROFÍTIS ILÍAS; hier liegen im Kiefernwald zwei Berggasthäuser – Élafos (Hirsch) und Elafina (Hirschkuh) –, in denen Besucher, die Höhenluft vorziehen, Aufnahme finden.

Wenn Sie aber in südwestlicher Richtung weiterfahren, gelangen Sie zu einer Abzweigung nach **Kámiros,** einer der drei bedeutendsten Städte der Insel in der Antike. (Auch wer mit dem Bus fährt, sollte sich hier unentwegt zeigen: Der 20-minütige Fußmarsch lohnt sich sehr!) Diese Seite von Rhodos ist Kreta zugewandt, und eine Legende erzählt, daß Kámiros von Althaimenes, einem Enkel des Kreterkönigs Minos, gegründet wurde, der über eine der höchstzivilisierten Gemeinschaften der Antike herrschte.

Ebenso wie Iálissos stand Kámiros schon zur Zeit der Achäer in hoher Blüte, eine Entwicklung, die sich auch unter den Doriern bis ins 5. Jh. v. Chr. fortsetzte.

Heute finden Sie hier die Ruinen einer verlassenen Stadt, deren Überreste noch die einstigen Straßen und Plätze erkennen lassen. Die Fremdenführer vergleichen Kámiros oft mit Pompeji, aber der Vergleich ist nicht zutreffend. Pompeji wurde durch einen Vulkanausbruch vernichtet, während Kámiros, obwohl von einem Erdbeben beschädigt, doch deshalb in Vergessenheit geriet, weil es von seinen Bewohnern verlassen wurde. 1859 wurde es wiederentdeckt, aber erst 1929 begannen unter der Leitung italienischer Archäologen ernsthafte Ausgrabungsarbeiten.

Kámiros war niemals befestigt, und was wie seine Akropolis aussieht, war nur der Marktplatz. Vom Eingang aus rechts sehen Sie die Reste einer großartigen Wasserversor-

Vor 25 Jahrhunderten war Kámiros eine blühende, reiche Stadt.

gungsanlage, zu der eine mächtige Zisterne und ein weitverzweigtes Röhrensystem gehören. Die 200 m lange dorische **Stoa** (Säulenhalle) in der Nähe der Zisterne stammt aus dem 6. Jh. Sie wurde von den Italienern teilweise restauriert, aber die Säulen sind inzwischen wieder zusammengebrochen.

Wenn Sie den Hügel hinunterblicken, sehen Sie rechts von der Hauptstraße die ehemalige Wohngegend, weiter unten links einen heiligen Bezirk mit den Überresten eines **dorischen Tempels**. Auch hier wurden mehrere Säulen wieder aufgerichtet. Auf einigen Sockeln sind noch die steinernen Fußabdrücke erkenntlich, die anzeigen, daß hier einst Statuen standen; sie gehörten wahrscheinlich zum Beutegut des Cassius, der die Insel 42 v. Chr. plünderte (siehe S. 16).

Die jetzt völlig überwucherte Umgebung des ausgegrabenen Kámiros, mehr als 1 km im Umkreis, gehörte früher zum bebauten Stadtgebiet. Die Ausgrabungen wurden eingestellt, als der Zweite Weltkrieg ausbrach.

Öffnungszeiten: Von Montag bis Samstag 9–15.15 Uhr, Sonn- und Feiertage 10–14 Uhr.

KÁMIROS SKÁLA ist das letzte Dorf an der Küste, bevor die Straße in das Inselinnere und die Berge führt. Aus diesem Hafen laufen die Kaiks (rhodische Barken) zum Handel mit den Inseln Alimniá und Chálki aus. In der Taverne am Meer bekommen Sie ausgezeichneten frischen Fisch, meistens im Freien auf offenem Feuer gebraten.

Wenn Sie unternehmungslustig sind und Orte abseits vom Touristenstrom suchen, raten wir Ihnen zu einem Ausflug in einige weiter südlich gelegene Dörfer, die Sie reichlich für die nur teilweise asphaltierten Straßen entschädigen.

Das erste davon, KRITINÍA, nach den ursprünglichen kretischen Siedlern benannt, liegt etwas über 4 km vom Meer entfernt. Auf dem Weg kommen Sie an KÁMIROS KASTÉLLO vorbei, einer von den Johannitern im 16. Jh. erbauten Festung, die auf den Fundamenten einer Ruine aus der Antike steht. Wenn Sie zu Fuß hinaufgehen, finden Sie hier den idealen Platz für ein Picknick, mit schönem Blick über das Meer und die vorgelagerten Inseln.

An den Ausläufern des Attáviros-Berges entlang erreichen Sie das Dorf ÉMBONAS. Es ist bekannt für seine Tänzerinnen, die bei Festen überall auf der Insel auftreten. Die Dorfbewohner leben hauptsächlich vom Tabak- und Weinbau.

Von Émbonas führt ein Fußweg auf den 1215 m hohen ATTÁVIROS (siehe S. 93).

Eine Fahrt von 15 km um das Bergmassiv herum bringt Sie nach SIÁNNA. Kurz vor dem Dorf führt rechts eine Abzweigung ein Stück weit zum KAP ARMENISTÍS hinaus, einer unzugänglichen kleinen Halbinsel.

Der Weg von Siánna nach MONÓLITHOS wird vom Akramítis-Berg überragt. Einige Kilometer hinter Monólithos, am Ende einer steilen Serpen-

Für einen großen Fang müssen die Fischer heute weit aufs Meer hinaus.

tinenstraße, gelangen Sie zur **Ritterburg** von Monólithos, die hoch auf einem Felskegel am Meer steht (*monólithos* bedeutet im Griechischen »alleinstehender Felsen«) und zu den schönstgelegenen Burgen der Welt gehört. Der Felsen fällt 240 m schroff ins Meer ab, und da der Steilhang nicht gesichert ist, empfiehlt sich Vorsicht. Aber das sollte Sie nicht davon abhalten, den außergewöhnlichen Blick über das Ägäische Meer und die Küstenlinie der Insel zu genießen.

Das Kastell von Monólithos mit wundervollem Blick auf die Ägäis.

Ausflüge mit dem Schiff

Wenn Sie würzige Meeresluft atmen und stille, unverfälschte Inseln erforschen möchten, dann gehen Sie zum Mandráki-Hafen und lassen Sie sich von einer der vielen Fähren und Barken zu einer Fahrt auf der blauen Ägäis verlocken.

SÍMI

Die Fähre nach Sími und dem Kloster Panormítis, eine gute Stunde von Rhodos entfernt, verkehrt mehrmals wöchentlich.

Die Insel ist felsig, mit zerklüfteter Küste und – da es nur wenig Wasser gibt – spärlicher Vegetation. Die Männer verdienen ihren Lebensunterhalt vor allem durch Bootsbau und Schwammfischen, eine sehr gefährliche Beschäftigung, die auch stark im Rückgang begriffen ist. Aber Sie können immer noch viele Schwammfischerboote und zum Trocknen ausgebreitete Schwämme im Hauptort Sími sehen.

Oberhalb der Stadt stehen einige als Türme von Sími bekannte Säulen, die noch aus der Zeit der Hexapolis (siehe S. 12) stammen. Die Kirche in dem nahe gelegenen byzantinischen Kastell enthält bemerkenswerte Wandmalereien.

Panormítis, an der Westküste der Insel, ist der schönste Hafen von Sími. Direkt am Wasser erhebt sich eindrucksvoll das dem Erzengel Michael geweihte Wallfahrtskloster aus dem 18. Jh. Wenn Ihr Schiff in die Bucht einläuft, werden Sie vielleicht von dem Glockengeläute der Klosterkapelle (12. Jh.) empfangen.

KOS*

Die Insel Kos liegt vier Bootsstunden von Rhodos entfernt. Die von blühenden Gärten übersäte Insel, die zweitgrößte des Dodekanes, ist hauptsächlich als Geburtsstätte des bedeutendsten Arztes der Antike, Hippokrates, bekannt. Sie hat 18 000 Bewohner, von denen die Hälfte Mohammedaner sind.

Es gibt nur einen größeren Hafen – die Stadt **Kos.** Ein Erdbeben im Jahre 1933 legte Stadt und Hafen in Trümmer, aber die Platane auf dem nach ihr benannten Platz, »so mächtig,

---

*Ein ausführliches Kapitel über Kos finden Sie im Berlitz-Reiseführer Ägäische Inseln.

daß in ihrem Schatten 1000 Leute ruhen könnten«, steht noch. Unter ihr soll Hippokrates gelehrt haben. Auch wenn wir Sie enttäuschen müssen: Eine Platane wird im allgemeinen kaum älter als 400 Jahre – und Hippokrates lebte um 400 v. Chr... Aber wenn man beim türkischen Brunnen sitzt und träumt, gibt man sich gerne der Illusion hin, daß die Zeit hier stehengeblieben ist.

Dies blieb übrig von der türkischen Herrschaft: die Moschee an der Platía Eleftherías.

Doch auch Kos – nur knapp 5 km von der türkischen Küste entfernt – hat teil am Touristen-Boom: es verfügt über einen Flugplatz und eine Reihe von Hotels. Wieder ist es die Verbindung von historischen Sehenswürdigkeiten mit herrlichen Sandstränden, die die Urlauber anzieht.

Beginnen Sie Ihren Rundgang am **Hafen** mit dem Rathaus und den Restaurants an der Uferpromenade. Tagsüber sollte man hier einmal einkehren, um das Hafentreiben zu beobachten, und abends, um an dem farbenfreudigen Nachtleben teilzunehmen.

Entlang der palmengesäumten Straße kommen Sie zur **Ritterburg** (15. Jh.), die Sie über eine Brücke beim Platínouplatz erreichen. Auf der Platía selbst steht die **Loggia-Moschee** mit der bemerkenswerten Marmortreppe, die zum Haupteingang führt. Hinter der Moschee liegt die antike Agora (Marktplatz) aus dem 4. Jh. v. Chr.

Wenn Sie genug Zeit haben, können Sie das etwa 5 km von Kos entfernte **Asklipiíon** besichtigen. Dies war im 4. Jh. v. Chr. eine dem Asklepios (Äskulap) geweihte Heilstätte, wo die Patienten nach den Lehren des Hippokrates behandelt wurden. Ein deutscher Archäologe hat das Asklipiíon am Anfang dieses Jahrhunderts wiederentdeckt.

WEITERE BOOTSAUSFLÜGE

Es werden zahlreiche weitere Reisen zu den verschiedenen Inseln des Dodekanes angeboten – Einzelheiten erfragen Sie am besten in einem der Schiffahrtsbüros.

Außerdem gibt es viele Privatboote, die täglich romantische Ausflüge zu den nur vom Meer aus erreichbaren Badebuchten oder auch nach Líndos unternehmen.

Eines dieser Boote bringt Sie der Ostküste entlang zu der herrlichen Badebucht von Tsambíka, vorbei an Faliráki, Kallithéa, Ladikó und Kolímbia. Das Schiff fährt um 8.45 Uhr ab und kehrt gegen 17 Uhr wieder in den Mandráki-Hafen zurück.

Wenn Sie abends am Hafen entlanggehen, stehen viele Schiffer vor ihren Booten und versuchen, Sie zu einem Ausflug zu überreden.

Was unternehmen wir heute?

Musik und Tanz

Die *tavérna* spielt eine wichtige Rolle im griechischen Leben: hier trifft man sich zum Essen, Trinken, Tanzen und gemeinsamen Singen.

Fast pausenlos wird in allen Cafés und Restaurants *bouzoúki*-Musik gespielt – und fast immer sind die Radios und Plattenspieler auf höchste Lautstärke gedreht. Das achtsaitige *bouzoúki*-Instrument ähnelt der Mandoline.

Die Ursprünge griechischer Musik können bis ins 8. Jh. v. Chr. zurückverfolgt werden, und der Tanz war immer ein wichtiger Bestandteil der heidnischen Religionsriten. Die Lyra des Apollon und die Flöte des Pan wurden von *bouzoúki* und Klarinette abgelöst und die Musik von den byzantinischen Kirchengesängen beeinflußt.

Unter den Osmanen verdienten sich griechische Kantoren ihren Lebensunterhalt damit, daß sie türkische Lieder in den Häusern und Palästen der türkischen Würdenträger sangen. Vierhundert Jahre türkische Musik mit den typischen klagenden Nasallauten haben ihren Einfluß in der griechischen Volksmusik hinterlassen.

Bouzoúki- (oder *rebétiko*-) Musik ist heute in der ganzen Welt bekannt dank der mitreißenden Melodien von Manos Hadjidakis und Mikis Theodorakis, der Stimme

Griechische Musik ohne Saiteninstrument ist unvorstellbar.

Nana Mouskouris und der Filme von Melina Mercouri. *Bouzoúki*-Musik soll im 19. Jh. in den Kneipen und Opiumhöhlen des Athener Hafenviertels Piräus entstanden sein; die meisten Lieder handelten von Liebe, Armut und Abschied von Griechenland. Heute wird oft moderne Lyrik vertont.

Nach dem Putsch der griechischen Obristen im Jahre 1967 griffen die Lieder oft politische Themen auf und beklagten den Verlust der Freiheit.

Wenn ein Grieche beginnt, selbstvergessen in einer Taverne zu tanzen, sind die Schritte und Figuren jahrhun-

Griechische Tänzer richten den Blick auf die Erde – die Kraftspenderin.

Feste und Feiertage

1. Jan.	Neujahr oder Basiliustag *(Protochroniá)*. Schon am Vorabend beginnen Kartenspiele, die die ganze Nacht dauern und das Glück der Rhodier im kommenden Jahr voraussagen sollen. An Neujahr tauscht man Basilikumzweige aus, ein Kraut, das nach dem Heiligen benannt und Symbol der Gastfreundschaft ist.
6. Jan.	Dreikönigstag *(ton Theofaníon)*. In ganz Griechenland wird das Wasser gesegnet. In Rhodos wird ein vom Bischof gesegnetes Kreuz in das kalte Hafenwasser geworfen, und die jungen Leute versuchen, es wieder herauszufischen. Der glückliche Finder wird gesalbt, gesegnet und mit Münzen beschenkt.
Griechischer Karneval	*Apókries*. Während der drei Wochen vor der Fastenzeit werden Umzüge und ausgelassene Feste veranstaltet, bei denen man Kostüme und Masken trägt.
Rosenmontag	*Katharí Deftéra*. Ein Fastentag; viele Griechen essen nur Kartoffelbrei und Knoblauch.
Karfreitag, Ostern	*Megáli Paraskeví, Páscha*. Feierliche Prozessionen in vielen Dörfern und Städten. Die Mitternachtsmesse am Ostersamstag leitet die Osterfestlichkeiten ein. Wenn der Priester verkündet: *Christós anésti* (Christ ist auferstanden), feiert man den Beginn des neuen Kirchenjahres mit Glockengeläut, Feuerwerk und Segenswünschen.
29. und 30. Juli	Hl. Saulus oder Soúlas *(tou Agíou Soúlou)* in Soroní. Ein Volksfest, zu dem auch Eselrennen gehören.
6. Aug. bis Monatsende	Tanzveranstaltungen in Maritsá, Kallithiés und Émbonas (bekannt für seine Tänzerinnen).
15. Aug.	Mariä Himmelfahrt *(tis Panagías)*. Das bekannteste Fest im ganzen Dodekanes mit Tanzvorführungen und Prozessionen in Kremastí und Triánda.
8. Sept.	Mariä Geburt *(Génnisis tis Panagías)*. Am Abend vor diesem Festtag pilgern die Frauen zum Kloster von Tsambíka und beten um Fruchtbarkeit (siehe S. 52).

derteilt. Er tanzt oft, weil er das Bedürfnis fühlt, Freude oder Traurigkeit in Bewegung auszudrücken. Die Anwesenden ermuntern ihn durch Zurufe und reichen ihm zu trinken. Früher tanzten in den Tavernen die Männer allein, während die Frauen Gruppentänze auf dem Dorfplatz ausführten.

Die Filme »Sonntags nie« und »Zorba der Grieche« machten zwei traditionelle Tänze, den *sirtáki* – einen Gruppentanz – und den *zebékikos* in aller Welt bekannt. Für den *zebékikos*, von Männern gewöhnlich allein oder zu zweit getanzt, gibt es keine vorgeschriebenen Figuren, er wird aus der jeweiligen Stimmung improvisiert.

Griechen haben einen angeborenen Sinn für Rhythmus und Bewegung, und es ist ein erstaunliches Schauspiel, einen älteren Mann mit vollendeter Grazie tanzen zu sehen.

Andere bekannte griechische Tänze sind der *kalamatianós*, ein Rundtanz; der *tsakónikos*; der *tsámikos*, ein Tanz mit dem Taschentuch; der *chasápikos*, bekannt als der Metzgertanz; und der *naftikós*, der Matrosentanz.

Die traditionellen Tänze werden in den Nationaltrachten im Folklore-Theater am Androníkouplatz in der Altstadt (neben dem Türkischen Bad) aufgeführt. Sie können auch an Tanzstunden teilnehmen. Von Juni bis Oktober geben die Telefonnummern 290-85 und 201-57 von Sonntag bis Freitag Auskunft.

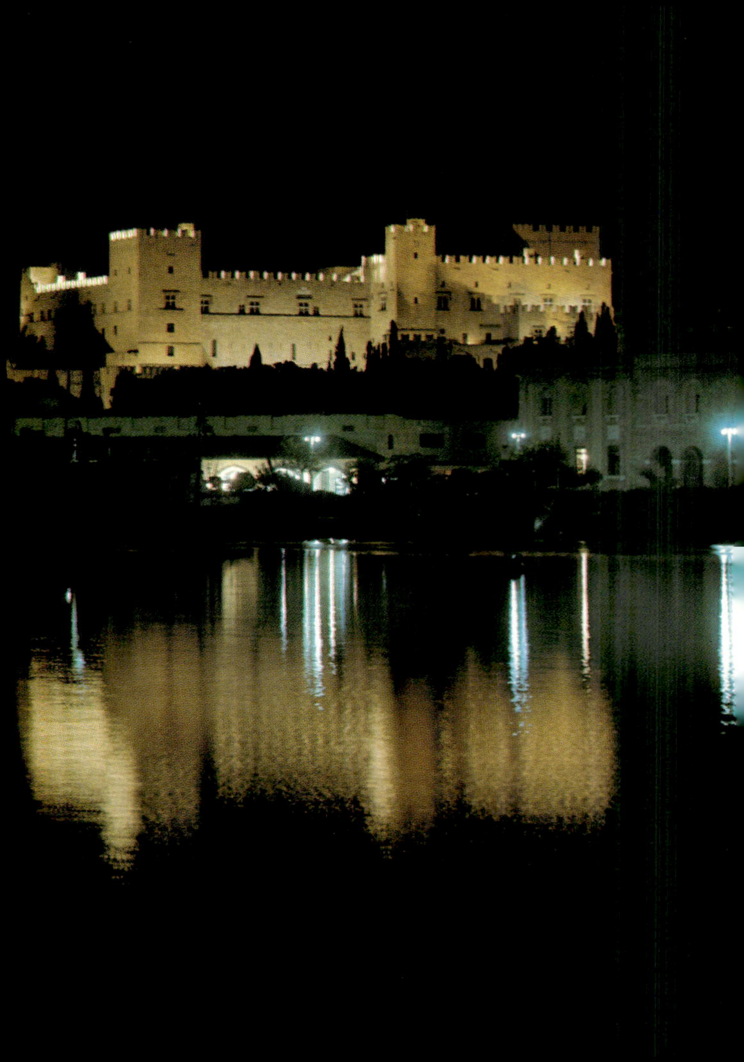

Nachtleben

Bei schönem Wetter verbringt man in den Städtischen Gärten ein paar unterhaltsame Stunden bei einer Ton- und Lichtschau *(Son et Lumière)*. Von April bis Oktober findet jeden Abend neu die dramatische Belagerung der Stadt durch Suleiman den Prächtigen statt. Es gibt abendlich drei Vorstellungen in drei Sprachen, darunter auch Deutsch.

Der Disco-Rausch hat auch auf Rhodos die gleichnamigen Kellerlokale erobert. Man entzieht sich dieser Internationalität am besten in einem Nachtklub mit Bouzouki-Musik.

Das Kasino im Grand Hotel von Rhodos-Stadt gründete eine Gruppe von Geschäftsleuten um Baron von Richthofen. Der Neffe des legendären Kriegspiloten ließ während der ersten Jahre des Kasinos die Croupiers aus Baden-Baden einfliegen. Sie können Ihr Glück dort bei Roulette, Blackjack, Chemin-de-fer und Bakkarat versuchen. Beim Portier müssen Sie Ihren Paß vorzeigen; Jeans sind verpönt.

Museen

Archäologisches Museum von Rhodos *(Archeologikó Mousío)* im Ritterhospital an der Ippotónstraße (siehe S. 27). Öffnungszeiten: Täglich außer dienstags 9–15.15 Uhr.

Kunstgewerbemuseum, am Platía Argirokástrou im früheren Arsenal untergebracht. Es zeigt eine Sammlung guterhaltener rhodischer Kostüme, Stickereien, Keramiken und anderer traditioneller griechischer Handarbeiten.

Wir raten Ihnen, dieses Museum aufzusuchen, bevor Sie irgendwelche Souvenirs kaufen, denn hier bekommen Sie einen Eindruck von der echten, unverfälschten rhodischen Volkskunst.

Öffnungszeiten: Montag, Mittwoch und Freitag von 9 bis 13 Uhr. Es ist ein Eintritt zu entrichten.

Kunstmuseum *(Pinakothíki),* im Obergeschoß der Ionian and Popular Bank, Platía Símis, gelegen. Die meisten Bilder haben die Insel zum Thema.

Öffnungszeiten: Von Montag bis Samstag 8.30–13 Uhr.

Blick vom Mandráki-Hafen auf den Großmeisterpalast.

Einkaufsbummel

Als der Dodekanes 1947 mit Griechenland vereinigt wurde, gewährte die Regierung den Inseln Zollvergünstigungen. Daher sind ausländische Erzeugnisse wie Wollstoffe, Schmuck, Pelze und Whisky hier billiger als im Herstellungsland (zugleich unterliegen sie auch nicht der örtlichen Umsatzsteuer). Aus Athen eingeführte Produkte hingegen sind teurer als auf dem griechischen Festland, denn die Transportkosten und Steuern kommen in diesem Fall hinzu.

Die größeren Geschäfte und Boutiquen halten sich an feste Preise; das gilt auch für die meisten Markenartikel. Wenn Sie handeln wollen, müssen Sie in kleine Geschäfte wie etwa in der Sokrátousstraße in der Altstadt gehen. Hier hat der Ladenbesitzer Freude am Feilschen und Sie am Sparen; in diesem Viertel ist der Einfluß des türkischen Basars noch immer ausgeprägt.

Aber nehmen Sie das Ganze nicht zu ernst, bringen Sie Ihre Argumente mit einem Lächeln vor und versuchen Sie, länger durchzuhalten als der Händler. Bieten Sie zuerst den halben Preis, und vergessen Sie nicht, daß der Verkäufer kein Anfänger ist; auch wenn Sie einen niedrigen Preis aushandeln, macht er wahrscheinlich noch immer ein gutes Geschäft. Die meisten Händler schlagen auf den eigentlichen Preis noch etwas auf, um dann heruntergehen zu können.

...und noch ein Ratschlag

Im allgemeinen sind die Preise in Griechenland niedriger als in anderen europäischen Ländern. Auch qualitativ hochstehende Erzeugnisse sind preiswert, und oft werden Sie, nachdem Sie sich gründlich umgesehen haben, zu der Feststellung kommen, daß es sich lohnt, etwas mehr für gute Qualität auszugeben. Untersuchen Sie die Waren gründlich, denn was im Schaufenster verlockend aussieht, entpuppt sich vielleicht beim näheren Hinsehen als minderwertig.

Öffnungszeiten

In Rhodos sind die Geschäfte von 8.30 bis 13 Uhr und von 17 bis 20.30 Uhr geöffnet. Die meisten Läden schließen Sonnabend nachmittags, außer den Lebensmittelgeschäften und Friseursalons, die Mittwoch nachmittags geschlossen sind.

Was ist preisgünstig?
Besonders empfehlenswert sind englische Stoffe und Maßkleidung, Pelzmäntel und -mützen, Gold- und Silberschmuck. Kaschmir- und Kammgarnstoffe, Harris-Tweed, Kamelhaar und Flanell, ja die meisten hochwertigen englischen Stoffe werden hier fast ohne Zollzuschlag verkauft. Es gibt in Rhodos etwa 300 Schneidergeschäfte, und Sie erhalten ein maßgefertigtes Kleid oder einen Anzug wenige Tage nach Bestellung.

Wenn Sie Ihre Drachmen ausgeben wollen, fallen alle Sprachschranken.

Pelze, besonders Steinmarder, gehören zu den günstigsten Käufen in Griechenland, und in Rhodos sind die Preise besonders niedrig. Eine griechische Spezialität besteht darin, Pelzmäntel aus kunstvoll zusammengenähten Stücken herzustellen.

Die mehr als 80 Pelzgeschäfte auf Rhodos haben eine enorme Auswahl, darunter Steinmarder, Rotfuchs, Wolf (besonders für Herren), Kanin und Wildleder. Die Mäntel werden in Werkstätten auf der Insel handgenäht, und für die Fertigstellung, einschließlich der drei Anproben, müssen Sie etwa eine Woche rechnen.

Wenn Sie Maßkleidung in Auftrag geben, dürfen Sie nicht vergessen, daß der Schneider hier vielleicht nicht über die letzte Mode informiert ist; erklären Sie ihm also genau, was Sie wünschen, damit Sie später nicht enttäuscht sind.

Herren- und Damenschuhe – besonders Exportmodelle bester Qualität – sind ebenfalls preisgünstig. Sie können hier Schuhe finden, die später in europäischen Großstädten zum doppelten Preis verkauft werden.

Schmuck wird hauptsächlich aus Silber und 18karätigem Gold hergestellt. Halbedelsteine werden aus Italien importiert (zu besonders niedrigen Zollsätzen) und zu Ringen, Broschen, Ketten und anderen Schmuckstücken verarbeitet.

Die Preise für Gold und Silber hängen von den Schwankungen auf dem Weltmarkt ab, aber da die Löhne auf der Insel niedrig sind, bleiben Schmuckstücke vergleichsweise billig.

Ausländische Spirituosen sind nicht ganz zollfrei, aber doch billig.

Außerdem zu empfehlen

Töpferwaren aus Líndos sind wegen ihrer Schönheit bekannt, und die Wandteller in lebhaften Farben und mit originellen Motiven sind beliebte Geschenke. Auf der ganzen Insel gibt es Keramikwerkstätten, in denen Sie bei der Arbeit zusehen und direkt kaufen können.

Wunderschön sind auch die handgearbeiteten Spitzen aus Líndos. Wenn Sie sich vor dem Kauf im Kunstgewerbemuseum in der Altstadt (siehe S. 75) umsehen, bekommen Sie einen Eindruck von der rhodischen Volkskunst und können dann das Angebot besser beurteilen.

Nächtlicher Einkauf an den Stadtmauern beim Schein einer Öllampe.

Salatschüsseln, Vorlegeplatten, Mörser und Stößel sowie Armreifen aus Olivenholz sind ebenfalls typische Erzeugnisse. Wenn Sie genug Zeit haben, kaufen Sie am besten direkt in den Werkstätten; sonst finden Sie eine große Auswahl im türkischen Basar.

In der Altstadt von Rhodos können Sie ebenfalls in Archángelos hergestellte Lederstiefel (siehe S. 53) erstehen; sie sind haltbar und bequem.

Weitere Vorschläge
Ein Einkaufsbummel im türkischen Basar ist ein echtes Vergnügen für alle, die Lärm und Trubel lieben. Die Geschäfte und Stände sind vollgestopft mit Waren, und jeder Händler wird versuchen, Sie zum Kaufen zu überreden. Hier finden Sie türkische Kupfer- und Messingtöpfe, langstielige Kännchen zum Kochen von türkischem Mokka *(bríkia)* und *souvlákia*-Spieße. Überall hängen auch Ketten von *kombolóïa*-Perlen, die die Griechen zur Nervenberuhigung durch die Finger gleiten lassen, gewebte Schultertaschen mit traditionellen Mustern und Schwämme.

Der Schuhmacher in Archángelos fertigt seine Stiefel wie eh und je.

Tafelfreuden

Wenn Sie in Griechenland sind, sollten Sie sich nicht auf Gerichte beschränken, die Sie schon kennen und auch zu Hause bekommen. Versuchen Sie solch eigenartige griechische Spezialitäten wie gegrillten Tintenfisch, in Lake eingelegten Ziegenkäse, Zitronensuppe und geharzten Wein. Auch wenn Ihnen nicht alles schmeckt, sollten Sie es trotzdem wagen.

Auf Rhodos gibt es so viele Restaurants und Tavernen, daß es ein Jammer wäre, Vollpension zu buchen. Die meisten Hotels bieten vorwiegend internationale Küche, und auf der Speisekarte stehen die gleichen Gerichte wie in Ihrem Heimatland.

Die griechische Art, sich über die Speisekarte in einem Restaurant *(estiatório)* zu informieren, wird neu für Sie sein. In Griechenland gehen die Gäste nämlich direkt in die Küche und sehen nach, was auf dem Herd kocht und was im Kühlschrank vorrätig ist. Schauen Sie sich ruhig um, schnuppern Sie die appetitlichen Düfte und bestellen Sie dann, worauf Sie Lust haben. Das Sprachproblem ist schnell gelöst, denn Sie können ja mit dem Finger auf die gewählten Gerichte zeigen! Verlangen Sie *olígo* (ein wenig) von einem Gericht, so erhalten Sie eine halbe Portion.

Wenn Sie in Gesellschaft sind, bestellen Sie am besten mehrere verschiedene Gerichte und kosten von allem. Meistens wird das Essen direkt in Schüsseln auf den Tisch gestellt, und jeder bedient sich selbst. Wenn Sie Hemmungen haben, in die Küche zu gehen, können Sie auf der Speisekarte wählen, die neben Griechisch meist in mindestens einer anderen Sprache (Englisch, Französisch, Deutsch oder Schwedisch) abgefaßt ist. Die lateinische Umschrift des Griechischen steht auf jeden Fall auf der Karte.

Die meisten griechischen Restaurants legen nicht viel Wert auf Äußeres, aber das Essen ist gut und die Bedienung fast immer freundlich.

Die Restaurants öffnen im allgemeinen um 12 Uhr, füllen sich aber erst gegen 14 Uhr. Abendessen wird ab 20 Uhr serviert, aber die meisten Griechen essen sehr viel später, und Sie werden feststellen, daß die Einheimischen sich erst gegen 21 Uhr in einem *kafenío* (Café) zum Aperitif treffen. Viele Hotels nehmen Rücksicht auf ihre Gäste aus dem Norden und servieren die Abendmahlzeit früher, aber man gewöhnt sich schnell an die Sitte des späten Essens.

Alle Speiselokale (außer den Luxusrestaurants) haben vorgeschriebene, ihrer Kategorie entsprechende Preise. Die Bedienung ist inbegriffen, aber man erwartet von Ihnen, daß Sie ein Trinkgeld für den Kellner auf dem Tisch lassen. Dem jungen Hilfskellner sollten Sie ebenfalls ein paar Drachmen geben.

Griechische Gerichte
Die griechische Küche ähnelt der der anderen Mittelmeerländer, aber dazu kommen türkische und arabische Einflüsse. Auf Rhodos hat die türkische Herrschaft besonders starke Spuren hinterlassen. Olivenöl, Knoblauch, Zitrone, Tomate, Zwiebeln und Käse sind wichtiger Bestandteil vieler Gerichte.

Nachstehend eine Auswahl von typischen Speisen:

Soúpa avgolémono: die bekannteste Suppe in Griechenland, aus Fleisch- oder Hühnerbrühe mit Eiern und Reis und mit Zitronensaft abgeschmeckt, der ihr einen erfrischenden Geschmack gibt. Daher serviert man sie oft vor dem letzten Gang, denn man sagt ihr nach, daß sie den Magen beruhige. Es gibt auch eine Soße aus den gleichen Zutaten, die oft in Verbindung mit anderen Gerichten wie etwa warmen *dolmádes* und gefüllten Auberginen gereicht wird.

Dzadzíki: eine Joghurt-Soße mit feingeschnittenen Gurken, gewürzt mit Knoblauch, oft zusammen mit *mezédes* (Appetithappen) serviert wie etwa *taramosaláta, dolmádes* und *keftédes.*

Taramosaláta ist eine Paste aus Fischrogen *(tamará),* der mit zerdrückten Kartoffeln, eingeweichtem Brot, Olivenöl und Zitronensaft zu einer streichfähigen Masse verarbeitet wird. Griechen tunken meistens Brotstückchen hinein und essen sie als Vorspeise; sie dient aber auch als Salatsoße.

Dolmádes: Weinblätter mit Hackfleisch (gewöhnlich Hammel) und Reis gefüllt, gewürzt mit Wein, geriebener Zwiebel und Kräutern. Man findet diese Spezialität in vielen Ländern des Nahen Ostens; in

Griechenland wird sie häufig mit *avgolémono*-Soße serviert.

Keftédes: Fleischklößchen aus gehacktem Rind- und Hammelfleisch, gewürzt mit Zwiebeln, Zimt, Pfefferminzblättern, Majoran und Wein. Sie werden gebraten oder in schwimmendem Öl gebacken und mit einer Soße gereicht.

Moussaká: wohl die bekannteste griechische Spezialität. Dabei werden abwechselnd Lagen von halbierten Auberginen und Hackfleisch in eine feuerfeste Schüssel geschichtet, das Ganze dann mit einer weißen Soße und geriebenem Käse bedeckt und im Ofen überbacken.

Kolokíthia gemistá me rízi ke kimá: mit Reis und Hackfleisch gefüllte Zucchini (Kürbischen).

Kotópoulo vrastó: gekochtes Huhn mit Nudeln oder Reis.

Kotópoulo psitó (sti soúvla): Hühnchen am Spieß.

Arní psitó: Lammbraten.

Fisch ist erstaunlich teuer auf der Insel, denn die Fischer müssen immer weiter auf das Meer hinaus, um noch etwas zu fangen. Besonders wenn Sie Fisch essen möchten, ist es ratsam, in die Küche zu gehen, um zu sehen, was vorrätig ist. Wenn Sie Ihre Wahl getroffen haben, wiegt man den Fisch vor Ihren Augen ab, und Sie zahlen nach Gewicht.

Im allgemeinen wird der Fisch gegrillt oder gebraten und mit Öl und Zitrone serviert.

Nachstehend eine Liste der Fische und Meeresfrüchte, die man in Rhodos häufig findet:

Astakós: Languste, im allgemeinen mit Öl und Zitronensoße oder mit Knoblauchmayonnaise serviert.

Barboúni: Rotbarbe; diesen Fisch schätzen die Griechen besonders, daher ist er teuer. Meistens wird er in Mehl gewendet und in der Pfanne gebraten.

Fağrí: Seebrasse, schmeckt am besten gebacken.

Garídes: Garnelen.

Glóssa: Seezunge.

Kalamaráki: Kalmar.

Kéfalos: Meeräsche.

Lithríni: Brasse.

Marídes: ähnelt den Sprotten.

Chtapódi: Tintenfisch, im allgemeinen in Stücke geschnitten und gegrillt oder gebraten.

Ganz besonders zu empfehlen ist der griechische Landsalat *(saláta choriátiki),* der aus Gurkenstücken, Tomaten, grünen Paprikaschoten, Zwiebeln, Radieschen und Oliven zusammengestellt und mit *féta,*

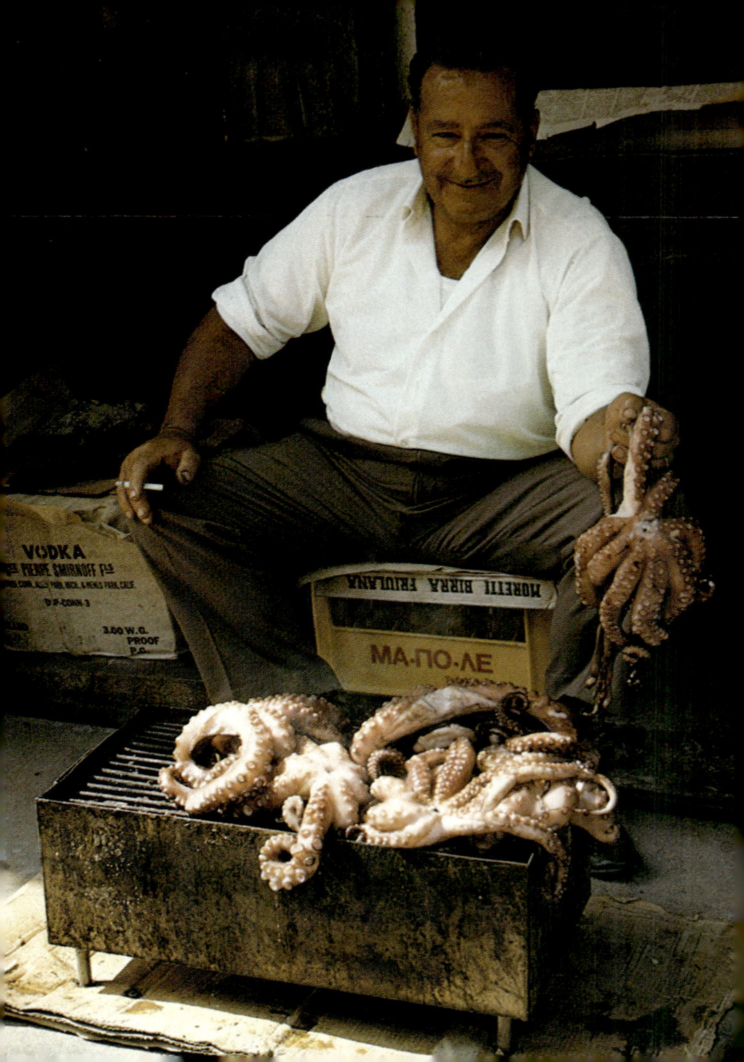
VODKA
PROOF
MORETTI BIRRA FRIULANA

dem köstlichen Schafskäse, überstreut wird. Sie können aber auch statt des gemischten Salats eine einzelne dieser Zutaten bestellen. In den meisten Tavernen würzen Sie den Salat selbst, so wie Sie es am liebsten haben. Die Griechen machen ihren Salat mit sehr viel Öl an.

Wenn Sie im Restaurant essen, sollten Sie nicht vergessen, daß die auf der Insel gereiften Früchte überaus wohlschmeckend sind. *Pepóni* (Melone) und *karpoúzi* (Wassermelone) sind ganz besonders verlockend. Aber auch Pfirsiche, Apfelsinen, Feigen (die im August geernteten Feigen sind die besten) und kernlose Weintrauben sind ebenso gut. Bestellen Sie eine Früchteschale für die Tischrunde, und man wird Ihnen die Früchte eßfertig bringen, geschält und in mundgerechte Stücke zerteilt.

Gegrillter Tintenfisch schmeckt weit besser, als er aussieht.

Imbisse

Griechische Eßgewohnheiten sind für den Touristen, der schnell eine Kleinigkeit essen möchte, ideal. In einer *psistariá* (auf Speisen vom Holzkohlengrill spezialisierte Taverne) in Rhodos und allen größeren Dörfern finden Sie jederzeit schmackhafte und preiswerte kleine Mahlzeiten. Verlangen Sie *souvlákia* – Kalb-, Lamm- oder Schweinefleischstückchen, abwechselnd mit Gemüse am Spieß *(soúvla)* gebraten –; auch *gíros* oder *donér kebáb:* ein großes Stück Fleisch, das am senkrechten Spieß gebraten und in feine Scheiben geschnitten wird. Versuchen Sie auch *souvláki me pítta,* das aus gegrilltem Fleisch, Tomaten, Paprikaschoten und Zwiebeln besteht, mit *dzadzíki* garniert, und die in einem tütenförmig gewickelten Pfannkuchen *(pítta)* verkauft werden.

Wenn Sie weniger scharf essen möchten, gehen Sie in einen *galaktopolío,* eine Milchbar, in der Sie Joghurt, Milch, Butter, Gebäck und *rizógalo,* eine Spezialität der Insel, finden. Das ist ein köstlicher kalter Reispudding, der mit Zitronensaft und Zimt gewürzt wird. Beliebt ist auch *tirópitta,* ein mit Quark gefülltes Gebäck.

In den Milchbars finden Sie auch alles Nötige, wenn Sie Ihr Frühstück selbst zubereiten möchten. Kaufen Sie Brot, Honig und Joghurt (Joghurt mit Honig schmeckt besonders gut), und frühstücken Sie in der warmen Morgensonne in einem Straßencafé.

Cafés

Ein beliebter abendlicher Zeitvertreib in Rhodos ist das Bummeln von einem Kaffeehaus und Restaurant zum anderen.

Kein Grieche möchte seinen Kaffee und die Morgenzeitung missen.

Vor dem Essen sollten Sie einmal *oúzo,* den griechischen Aperitif, versuchen. Das ist ein Anisschnaps, der an den französischen *pastis* oder den türkischen *rakí* erinnert. Im allgemeinen wird er mit kaltem Wasser gemischt (und wird dann milchig-trübe), aber Sie können ihn auch unverdünnt *(skéto)* oder mit Eiswürfeln *(me págo)* trinken. Bei *oúzo* ist Vorsicht geboten, denn er ist hochprozentig, und Griechen trinken ihn nicht, ohne dazu eine Kleinigkeit zu essen.

Meistens serviert man Ihnen mit dem Getränk einen kleinen Teller mit Appetithäppchen, *mezédes,* gewöhnlich Käsewürfel, Oliven, Tomaten, *taramosaláta* und gegrillte Tintenfischstückchen.

Da Rhodos Zollfreigebiet ist, kosten auch Whisky und Gin nicht viel. Es gibt mehrere gute einheimische Wermutsorten, und auch Cinzano wird in Lizenz hergestellt.

Wenn Sie alkoholfreie Getränke bevorzugen, finden Sie in den meisten Cafés eine reiche Auswahl. Besonders zu empfehlen ist *vissináda,* Weichselkirschensaft. Er wird in Flaschen abgefüllt verkauft, Sie können aber auch nach Weichselkirschensirup und Wasser fragen und die beiden dann vermischen. Natürlich gibt es Orangen- und Zitronenlimonade, *portokaláda* und *lemonáda,* beide ausgezeichneter Qualität. Beliebt sind auch *Tam-Tam,* ein Kolagetränk, und *Ivi,* Orangensaft in Dosen.

Griechischer Kaffee, der dem türkischen ähnelt, wird jedesmal frisch in Kupfer- oder Aluminiumkännchen mit langem Stiel, *bríki* genannt, gekocht und dann mit dem Kaffeesatz in Ihre Tasse geschüttet. Verlangen Sie *éna varí glikó,* wenn Sie den Kaffee sehr süß trinken, *éna métrio,* mittelsüß oder *éna skéto,* ungesüßt. Warten Sie immer einige Minuten, bevor Sie trinken, bis der Kaffeesatz sich wieder gesetzt hat. Zum Kaffee wird immer ein Glas Wasser serviert.

Wahrscheinlich verspüren Sie eines Tages Lust auf eine normale, mitteleuropäische Tasse Kaffee; dann verlangen Sie am besten *nes* (Pulverkaffee). Einige Touristencafés haben aber auch eine Espressomaschine.

Während der heißen Monate ist Eiskaffee, hier *frappé* genannt, eine beliebte Erfrischung.

Einige der Cafés haben auch Kuchen vorrätig, und ein *za-*

charoplastío (Konditorei), oft mit einer Terrasse davor, bietet verlockende Spezialitäten an. Viele der Gebäcksorten werden aus *fíllo,* einer Art Blätterteig, gemacht. Wohl die bekannteste ist *baklavá,* hergestellt aus *fíllo* mit gehackten Mandeln und Walnüssen, getränkt in Honig oder Zuckersirup. *Kataïfi* ist ein Gebäck aus feingehackten Nüssen, die in dünne Strähnen aus *fíllo* eingehüllt und mit Honig übergossen werden.

Eis ist sehr beliebt in Griechenland und im allgemeinen ausgezeichnet. Einen Eisbecher bekommen Sie im *kafenío* oder *zacharoplastío*. Falls Sie an Ihre schlanke Linie denken müssen, bestellen Sie *graníta* (halbgefrorene Limonade).

Wein und Spirituosen

Wenn Sie das erstemal *retsína,* den klassischen griechischen Weißwein, versuchen, wird der leichte Terpentingeschmack Sie überraschen; er rührt vom Kiefernharz her, mit dem die Griechen den Wein versetzen.

Früher wurden die Weine in Ziegenschläuchen gelagert und transportiert, die man mit Harz ausstrich, um sie dicht zu machen, was gleichzeitig die Nachgärung verhinderte. Als in späteren Jahren die Abfüllung in Fässer und Flaschen diese Konservierungsmethode eigentlich unnötig machte, hatte man sich so an den Geschmack gewöhnt, daß man dem Wein weiterhin Harz zusetzte. Außerdem bekommt man davon angeblich nie einen schweren Kopf, und *retsína* soll beim Verdauen fettreicher Speisen helfen.

Wenn Sie sich trotz dieser Vorzüge, die man ihm zuschreibt, nicht an *retsína* gewöhnen können, finden Sie auf Rhodos eine gute Auswahl ungeharzter Weine *(aretsínoto krasí)*. *Deméstica,* den es als Rot- und Weißwein gibt, ist beliebt und preiswert. *Sánta Hélena* und *Pallíni* sind gute trockene Weißweine, *Náoussa* und *Sánta Láoura* griechische Tafelrotweine gleichbleibender Qualität.

Auf Rhodos selbst werden *Lindos Blanc Sec* und *Grand Maître* (Weißweine) sowie der ausgezeichnete rote *Chevalier de Rhodes* hergestellt. Von ihm wird manchmal gesagt, das sei der Wein, »den schon die Ritter tranken«.

Sollten Sie die griechischen Rotweine zu schwer finden, so versuchen Sie die leichteren Roséweine.

Bier *(bíra)* wurde in Griechenland durch deutsche Brauer eingeführt. Die bekanntesten Sorten sind *Alpha* und *Fix* (das ist im Griechischen aus dem Namen des Brauers, Fuchs, geworden).

Griechischer Weinbrand ist süß und wird, obwohl er mit seinem französischen Namensvetter nur entfernte Ähnlichkeit hat, *cognac* genannt. *Metaxá* ist am bekanntesten; wenn Sie jedoch eine trockenere Sorte bevorzugen, fragen Sie besser nach *Kambá*.

Wenn die Seeluft hungrig macht, schaffen Köche hier leckere Abhilfe.

Sport und Erholung

Auf Rhodos mit seinem sonnigen Klima werden Sie es wohl wie die Bewohner der Insel halten und die meiste Zeit im Freien zubringen.

Das Angebot an Sport- und Erholungsmöglichkeiten ist ausgezeichnet und reicht von Unterwasserjagd bis zur Besteigung des Attáviros.

BOOTSSPORT

Am Mandráki-Hafen finden Sie eine große Auswahl an Jachten, Segel- und Motorbooten, die Sie mieten können. Wenn Sie ein kleineres Segelboot suchen, fragen Sie beim Jachtklub neben dem Élli-Strandbad an. Aber vergessen Sie nicht, daß der *meltémi*. der frische Nordwind, plötzlich aufkommen kann und das Segeln in kleinen Booten dann gefährlich wird. Wenn Sie sehen, daß das Wasser bewegt ist und der Wind stärker wird, verschieben Sie Ihre Segelpartie lieber auf einen anderen Tag.

An der Ostküste ist das Wasser ruhiger; dort können Sie auch Wassertreträder oder Pedalos für kleine Ausflüge in die Badebuchten mieten.

TAUCHEN

Bevor Sie Ihren Taucheranzug überstreifen, erinnern wir Sie daran, daß es verboten ist, archäologische Fundstücke auszugraben oder auch nur anzurühren. Etwaige Funde müssen den Behörden gemeldet werden.

Speerfischen dagegen ist ohne Genehmigung erlaubt und ein beliebter Sport. Bei öffentlichen Badestränden müssen Sie einen Abstand von 100 m einhalten, und der Fisch, auf den Sie es abgesehen haben, darf nicht unter 150 g wiegen...

Schnorcheln ist besonders faszinierend, denn durch das warme, blaue Wasser der Ägäis gleiten farbenprächtige Fische, und Einsiedlerkrebse kriechen in den Felsklippen und am Meeresgrund umher.

WASSERSKI

Wer Wasserski laufen möchte, sollte an die Ostküste gehen, wo Wind und Wasser ruhiger sind. Am Strand von Faliráki, bei Líndos und in einigen Hotels werden Boote vermietet, deren Mietpreis sich nach der Größe richtet. Auskunft erhalten Sie in Ihrem Hotel.

Segeljolle in der Nähe von Kallithéa an der Ostküste.

SCHWIMMEN

Über 300 Tage Sonnenschein und blauer Himmel – kein Wunder, daß Schwimmen der beliebteste Sport auf Rhodos ist. Besonders an der Ostküste finden Sie herrliche Sandstrände. Etwa 18 km südlich von Rhodos liegt der lange Sandstrand von Faliráki, der sanft ins Meer abfällt und daher für Kinder ideal, aber auch meistens sehr besucht ist. Wenn Ihnen an Ruhe gelegen ist, gehen Sie besser in südlicher Richtung weiter den Strand entlang und an den Felsen vorbei, dann kommen Sie zu einer geschützten, einsamen Bucht.

In Faliráki finden Sie Restaurants, die auch Zimmer vermieten, Umkleidekabinen, Duschen, Liegestühle und Sonnenschirme, außerdem sind Boote zum Wasserskifahren vorhanden. Während der Sommermonate gibt es häufige Busverbindungen mit Rhodos (siehe AUTOBUS, S. 106).

Die Strände von Tsambíka, an der Archángelos-Bucht, sowie Stregéna (ziemlich weit von der Hauptstraße und nur zu Fuß erreichbar) sind traumhaft. Auch der etwa 7 km lange Kieselstrand zwischen Charáki und Kap Milianós darf nicht unerwähnt bleiben, da er trotz seiner Schönheit noch nicht überlaufen ist.

Der Sandstrand an der Bucht von Líndos ist breit und das Wasser kristallklar; dazu kommt noch die wunderschöne Sicht auf das Fischerdorf, die Akropolis und den Athene-Tempel. Duschen, Umkleidekabinen und Restaurants sind vorhanden. Wie in Faliráki ist aber auch dieser Strand verhältnismäßig stark besucht.

Wenn Sie allein sein wollen, wäre es besser, bis zur Lárdos-Bucht auf der Südseite der Líndos-Halbinsel zu fahren, deren weiter Sandstrand zwischen den Dünen fast unbekannt ist.

Von der Lárdos-Bucht aus führt ein über 20 km langer Sandstrand fast ohne Unterbrechung bis nach Kap Víglos.

Ein hübscher Ort an der Ostküste, der von Rhodos aus leicht mit dem Fahrrad erreicht werden kann (etwa 10 km), ist Kallithéa. Dieser Kurort hat bessere Tage gesehen, aber die kleine Bucht ist zum Schwimmen und Tauchen besonders gut geeignet (siehe S. 49).

Vom Mandráki-Hafen aus werden Bootsfahrten veranstaltet, durch die Sie einen Überblick über die verschiedenen Badebuchten und Strände an der Ostküste erhalten (siehe S. 69).

Es ist schwieriger, einen guten Badeplatz an der Westküste zu finden, denn hier ist der Wind stärker und das Meer meistens ziemlich bewegt, außerdem ist der Strand steinig und nicht so leicht zu erreichen. Südlich von Kámiros wird die Küste felsig und fällt steil ins Meer ab.

Die Bucht von Kámiros allerdings bildet eine Ausnahme. Sie finden hier einen schönen Sandstrand und bei ruhigem Wetter ideale Schwimmbedingungen.

Wenn Sie in der Stadt Rhodos selbst baden möchten, gehen Sie entweder zum Élli-Klub oder zu den anschließenden Stränden. Es wird hier zwar ein (geringes) Eintrittsgeld verlangt, dafür können Sie die Umkleidekabinen und Duschen benutzen. Auch zu den Stränden der Triánda-Bucht ist es nicht weit; Aktí Miaoúli und Aktí Kanári sind die nächstgelegenen.

Einige Hotels an der Westküste in der Nähe von Rhodos haben Schwimmbäder, die in der Regel allen zugänglich sind. Wenn Sie also lieber im Swimming-pool als im Meer baden, gehen Sie in eines der prächtigen neuen Hotels, die südlich von Ixiá entstanden sind. Aber vergewissern Sie sich vorher, daß Sie auch tatsächlich willkommen sind.

Nacktbaden und Nacktsonnenbaden sind von Gesetzes wegen verboten.

WANDERN

Sie sind wahrscheinlich nicht nach Rhodos gekommen, um den 1215 m hohen Attáviros zu ersteigen. Wenn Sie aber die Überreste eines ehemaligen Zeus-Heiligtums bewundern und einen überwältigenden

Die Ostküste bietet viele herrliche, meist windgeschützte Badestrände.

Blick über die ganze Insel genießen möchten, lohnt es sich, nach Émbonas zu fahren (60 km von Rhodos entfernt).

Die Dorfbewohner werden Ihnen den für Fremde schwer zu findenden Weg zum Gipfel zeigen. Der Aufstieg dauert rund 3 Stunden und sollte besser nicht allein unternommen werden. In Émbonas können Sie ein Zimmer für die Nacht mieten.

TENNIS

Viele Hotels haben Tennisplätze, die nicht nur den Hotelgästen zur Verfügung stehen. Oft können Schläger und Bälle gemietet werden. Der Empfang Ihres Hotels kann Ihnen die nötige Auskunft erteilen.

GOLF

Ein neuer Golfplatz mit 18 Löchern wurde in Afándou, 22 km von Rhodos, eröffnet. Sie können hier ebenfalls Unterricht nehmen.

Die Ostküste der Insel ist für Wasserskifahrer schon lange kein Geheimtip mehr.

JAGD

In den weniger besiedelten Teilen der Insel gibt es noch recht viel Rotwild. Drücken Sie aber ja nicht ab, wenn Sie auf der Jagd einen Hirsch sehen. Der Hirsch, das Symbol der Insel (siehe S. 43), ist geschützt.

Die Jagdsaison dauert für das meiste Wild vom 25. August bis zum 10. März, für Zugvögel vom 25. August bis zum 30. September, für Kaninchen und Fasane vom 1. November bis zum 10. Januar.

Aber vergessen Sie nicht, daß der Wildbestand der Insel eher spärlich ist.

Einen Jagdschein erhalten Sie beim Rodia Elafos Club in Rhodos-Stadt.

FLORA

Einer der vielen Mythen, die sich um die Insel ranken, erzählt, daß Helios Aphrodite zur Schutzgöttin der Insel bestimmte. Aphrodite überschüttete die Insel mit Rosen, und seither blühen sie dort in verschwenderischer Fülle.

Ródon, wovon der Name Rhodos abgeleitet ist, bedeutet wahrscheinlich Rose und nicht die in einer anderen Legende erwähnte Nymphe Rhodon. Aber es gibt so viele »Rosen« auf der Insel, daß man nicht weiß, welche gemeint ist: die Blüte des Granatapfels, des Hibiskus, des Oleanders oder der Zistrose?

Sie alle überziehen die Insel im Frühling mit einem Blütenteppich, dazu kommen die Farben von Bougainvillea, Jasmin, Geißblatt, Alpenveilchen und Mimose. In den Kornfeldern leuchten die flammendroten Mohnblüten, und Margeriten blühen im Schatten von Feigenbäumen.

Sie sollten übrigens nicht versäumen, rhodischen Honig zu kosten – schon im Altertum war der Honig von den Dodekanes-Inseln zu Recht berühmt.

Man sieht auf der Insel viele Oliven-, Mandel-, Feigen- und Zitrusbäume (Apfelsinen, Zitronen und Mandarinen) sowie Aleppokiefern, Zwergeichen und Zypressen, kurz alle für das Mittelmeergebiet typischen Baumarten.

Oliven- und Zitrusbäume wurden schon vor Jahrtausenden aus dem Orient eingeführt, und seitdem ist der Olivenanbau eine der Haupterwerbsquellen der rhodischen Landwirtschaft.

Während der Wintermonate erfüllt der Duft der Orangen- und Zitronenblüten die Luft, und im Sommer reifen die Früchte in den Obstplantagen. Frisch gepflückte Orangen schmecken unvergleichlich viel besser als im Geschäft gekaufte, aber vermeiden Sie die Bitterorangen, die zum Marmeladekochen bestimmt sind. Die zartweißen Blüten werden auch als Duftstoff in Parfüms verwendet.

Einer Legende nach waren die purpurfarbenen Blüten des Judasbaumes früher weiß, aber nachdem Judas sich am Baum erhängt hatte, erröteten sie vor Scham. Und noch eine biblische Legende: Der wilde Honig, von dem Johannes der Täufer sich ernährte, soll ihm von den Früchten des Johannisbrotbaumes geliefert worden sein, die heute nur noch als Viehfutter verwendet werden.

Die überall auf der Insel wild wachsende Pflanze, die wie ein Kaktus aussieht, ist die Indische Feige, deren Früchte eßbar sind. Man sagt, daß Kolumbus sie aus Südamerika nach Europa gebracht habe. Heute verwenden die Bauern sie oft anstelle eines Zaunes, um das Vieh auf den Weiden zu halten.

FAUNA

Außer den legendären rhodischen Hirschen gibt es auf der Insel in den unbewohnten Gegenden noch Marder, Füchse, Hasen, Wildkaninchen, Dachse und Igel. (Griechische Steinmarderpelze sind auf Rhodos besonders preiswert, siehe S. 77-78.)

Haben Sie keine Angst, wenn man vom »Rhodos-Drachen« spricht, Ihr Schwert brauchen Sie bei Spaziergängen nicht gleich mitzunehmen. Es handelt sich nur um eine grüne Kammeidechse *(agama stellio)*, die bis zu 45 cm lang werden kann. Sie bewegt sich äußerst schnell fort, ist aber völlig harmlos.

Die schon erwähnte Legende (siehe S. 43) erzählt zwar, daß die Hirsche auf Rhodos angeblich alle Schlangen vertrieben haben, aber sehen Sie sich trotzdem bei Spaziergängen auf dem Land vor, denn es gibt noch einige Kreuzottern, die gefährlich sind.

Reiseweg

Ihr Reisebüro, Ihr Automobilklub, eine Fluggesellschaft oder die Griechische Zentrale für Fremdenverkehr (Adressen siehe S. 111) wird Sie gerne bei der Wahl Ihres Reiseweges nach Rhodos beraten. Erkundigen Sie sich rechtzeitig und informieren Sie sich auch über Sonderangebote, die manchmal sehr interessant sein können.

MIT DEM FLUGZEUG

Mit Linienmaschinen kann man Rhodos von Mitte April bis Anfang Oktober zweimal wöchentlich ab Frankfurt am Main erreichen. Sonst führt der Weg über Athen, das ab Frankfurt, Wien, Zürich und Genf täglich und ab Düsseldorf, Stuttgart und München mehrmals wöchentlich angeflogen wird (Flugzeit ab Frankfurt ungefähr 3 Stunden). Von Athen besteht mehrmals täglich Anschlußverkehr mit den Olympic Airways nach Rhodos (Flugzeit unter 1 Stunde).

Stark ermäßigte Einzelflugreisen mit freier Wahl des Ab- und Rückflugdatums, der Aufenthaltsdauer und der Unterkunft sind die von der IATA genehmigten IT (Inclusive Tours); sie kommen zwar teurer zu stehen als die Charterflüge der meisten Reiseveranstalter, bieten aber auch ein größeres Maß an Unabhängigkeit.

Ermäßigungen im Linienverkehr gibt es zur Zeit bei Flügen außerhalb starker Verkehrszeiten, bei Aufenthalt von mindestens 6 Tagen am Zielort und Rückflug binnen 1 Monat, für Passagiere unter 21 Jahren sowie für Studenten (bis 26 Jahre), die eine entsprechende Bescheinigung ihrer Lehranstalt vorweisen müssen.

Sehr interessant ist auch das Fly-and-drive-Angebot (Mietwagen am Flughafen), gültig für 2 Personen und mindestens 7 Tage.

Fluggesellschaften, Reisebüros und die verschiedensten Verbände bieten Ihnen außerdem Charterflüge zu noch günstigeren Bedingungen an; allerdings können Sie in diesem Fall das Reisedatum nicht frei wählen und müssen lange Zeit im voraus buchen. Steigender Beliebtheit erfreuen sich die 3 oder 4 Tage während Kurzflüge (mit Verlängerungsmöglichkeit).

Der Flughafen von Rhodos hat nach Athen die größte Anzahl von Landungen und Starts in Griechenland. Vor allem in der Hauptreisezeit muß man daher oft Verzögerungen in Kauf nehmen.

MIT AUTO UND SCHIFF

Von Piräus (dem Hafen Athens) aus bestehen mehrmals täglich Fährverbindungen nach Rhodos; teilweise werden auch andere Inseln angelaufen. Diese Fähren befördern ebenfalls Fahrzeuge. Teils kann man mit dem Wagen direkt an Bord fahren; es sind aber auch ältere Schiffe im Einsatz, bei denen die Autos mit dem Kran an Bord gehievt werden. Die Fahrt nach Rhodos dauert ohne Zwischenhalt 18 bis 20 Stunden. Einmal wöchentlich geht ein Schiff ab Thessaloniki in Nordgriechenland, und es besteht eine Verbindungslinie Piräus–Thíra (Santoríni)–Kreta–Kásos–Kárpathos–Rhodos.

Um mit dem eigenen Fahrzeug aus dem deutschsprachigen Raum nach Athen zu kommen, gibt es zwei Möglichkeiten:

Einmal die Europastraße 5, die von der Bundesrepublik aus über Salzburg, den Tauernpaß und Klagenfurt nach Jugoslawien führt und im übrigen der Haupteisenbahnlinie folgt. Die Strecke ist chronisch überlastet, und vor allem zur Hauptreisezeit kommt es zu kilometerlangen Stauungen an den Grenzen. Unfälle sind sehr häufig, weil die Straße (zum Teil nur zweispurige Landstraße) dem Verkehr nicht gewachsen ist und viele Fahrer bis zur totalen Erschöpfung hinter dem Lenkrad sitzenbleiben.

Der bequemere Weg führt durch Italien bis hinunter nach Brindisi. Von der Bundesrepublik und Österreich aus (Brennerstrecke) sowie aus der Schweiz (Anschluß an die italienische Autobahn in Como) hat man die Autostrada bis Bari. Die Gebühren sind allerdings beträchtlich. Die Brennerautobahn unterscheidet überdies nicht nach Fahrzeugkategorien, sondern man verlangt für einen Kleinwagen genausoviel wie für einen ausgewachsenen Straßenkreuzer.

Von Bari aus führt eine gute Schnellstraße (gebührenfrei) nach Brindisi, dem Ausgangshafen der Fähren nach Patras und Piräus. Von Patras gelangt man auf einer breiten Straße nach Athen. Entfernungen nach Brindisi: ab Hamburg 2100 km, ab Frankfurt am Main 1600 km, ab Wien 1640 km, ab Zürich 1280 km.

Weitere Fähren legen in Venedig, Ancona und Otranto ab. Die Verbindung von Otranto ist allerdings keineswegs so preiswert, wie die Agenten behaupten, zumal dann nicht, wenn man die zusätzliche Fahrt (80 km von Brindisi) in Rechnung stellt und oft zu spät bemerkt, daß das Schiff sich in einem erbärmlichen Zustand befindet.

Schiffsverbindungen nach Rhodos bestehen von den Häfen Venedig, Genua und Neapel sowie von Marseille aus, sind aber verhältnismäßig selten. Rechtzeitige Information und möglichst Vorausbuchung bei einem Schiffsreisebüro wird zur Hauptreisezeit bei allen Schiffspassagen dringend empfohlen.

Wer mit dem eigenen Wagen fährt, kann außerdem den Weg über die Türkei wählen – via Jugoslawien und Bulgarien – und dort in Kusadasi bei Izmir die etwa einmal monatlich verkehrende Autofähre nach Rhodos nehmen.

Autoreisezüge: Interessant sind vor allem die Züge, die während der Hauptreisezeit nach südeuropäischen Zielbahnhöfen fahren, z. B. nach Venedig (ab Wien), Verona (ab Hamburg und Hannover), Rimini (ab Stuttgart und München), Mailand (ab Düsseldorf, Köln und Frankfurt), Bari und Brindisi (ab Mailand), Belgrad (ab Wien), Split (ab Wien und Graz).

MIT DEM BUS

Es besteht eine regelmäßige Bus-Verbindung ab Dortmund über Essen, Düsseldorf, Hagen, Köln, Bonn, Frankfurt, Stuttgart, München und Skopje nach Thessaloniki, wo Sie zwei Tage später ankommen; von dort aus haben Sie Anschluß zu den Bussen nach Athen. Die Fahrt ist zwar langwierig, aber wesentlich billiger als ein Flugschein.

MIT DER BAHN

Aus dem deutschsprachigen Raum verkehren verschiedene Direktzüge und Kurswagen nach Athen, z. B. der *Hellas-Expreß* und der *Akropolis-Expreß* über München, Salzburg, Klagenfurt, Ljubljana, Zagreb, Belgrad und Skopje.

Die Bahnfahrt bleibt jedoch trotz Schlaf- und Liegewagen verhältnismäßig unbequem und zeitraubend (Fahrzeit ab Frankfurt am Main 48 Stunden), und die Züge sind vor allem während der Industrieferien durch heim- und rückreisende Gastarbeiter überlastet. Stundenlange Verspätungen sind an der Tagesordnung.

Erkundigen Sie sich nach den z. T. beträchtlichen Ermäßigungen für junge Leute, Senioren, Familien und Gruppen.

Reisezeit

Rhodos hat das ganze Jahr hindurch ein angenehmes Klima. Auch die höchsten Temperaturen, die man zwischen Juli und September verzeichnet, werden durch den fast ständig wehenden Nordwestwind, den *meltémi,* gemildert.

Der kühlste und niederschlagsreichste Monat ist im allgemeinen der Januar. Der Frühling, zweifellos die schönste Jahreszeit auf dieser florareichen Insel, beginnt bereits Mitte Februar und dauert bis Mitte Mai, der Sommer bis etwa Mitte Oktober.

Es kann jedoch vorkommen, daß Sie auch im Hochsommer von schlechtem Wetter überrascht werden, und Ihre Reisegarderobe sollte deshalb für alle Fälle auch ein paar wärmere Sachen und Regenkleidung enthalten.

	J	F	M	A	M	J	J	A	S	O	N	D
Lufttemperatur	12	12	14	16	19	23	25	26	25	22	19	14
Wassertemperatur	15	15	15	16	19	22	26	24	24	22	18	17
Sonnenschein (Stunden)	145	166	206	248	294	344	338	389	338	251	132	132

Alle aufgeführten Zahlen sind monatliche Durchschnittswerte.

Mit soviel müssen Sie rechnen

Damit Sie einen Eindruck von Ihren Auslagen erhalten, geben wir nachstehend einige Preisbeispiele an. Bedenken Sie auf jeden Fall, daß die Preise in Griechenland wie anderswo auch das Laufen gelernt haben.

Autovermietung. *Suzuki SS40* 900 Dr/Tag, 11,70 Dr/km, 16 800 Dr/Woche mit unbeschränkter Kilometerzahl. *Opel Kadett 1,0 S* 1050 Dr/Tag, 12,60 Dr/km, 18 480 Dr/Woche mit unbeschränkter Kilometerzahl. *Opel Kadett 1,2S* 1350 Dr/Tag, 15 Dr/km, 20 160 Dr/Woche mit unbeschränkter Kilometerzahl. Minimum 100 km/Tag. Zuzüglich 20% Steuer.

Bus. Rhodos Stadt–Líndos 110 Dr, Rhodos Stadt–Kámiros 85 Dr.

Flughafen-Transfer. Bus nach Rhodos Stadt 12 Dr, Taxi 300–350 Dr.

Fremdenführer. Halber Tag 1800 Dr, ganzer Tag 2500 Dr.

Friseur. *Herren* Haarschnitt ab 200 Dr. *Damen* Haarschnitt 300–900 Dr, Waschen und Legen 400–900 Dr, Dauerwelle ab 1500 Dr.

Hotel. (Doppelzimmer mit Bad oder Dusche, Hochsaison). Luxus 4500–6000 Dr, Kategorie A 4300–4600 Dr, Kategorie B 3100 Dr, Kategorie C 1800–2100 Dr, Kategorie D 900–1000 Dr.

Mahlzeiten und Getränke. Frühstück 130–250 Dr, Mittag- oder Abendessen in gutem Mittelklasserestaurant 500–800 Dr, Bier 60–80 Dr, Kaffee 50–70 Dr, Limonade 25–45 Dr, *Oúzo* mit *Mezédes* 55–65 Dr, griechischer Weinbrand 50–90 Dr.

Sport. *Segelboot* 300–400 Dr/Stunde, 1800 Dr/Tag. *Dingi* 1300–1500 Dr/Tag. *Wasserski* 750 Dr/5 Minuten.

Tragflügelboot. Rhodos–Kos–Rhodos 2400 Dr.

Unterhaltung. *Bouzoúki* (mit einem *Oúzo*) 400–600 Dr, Disco (Eintritt und erstes Getränk) 300–600 Dr, Kino 100–120 Dr.

Zigaretten. Griechische Marken 35–50 Dr, importierte 60–85 Dr.

Zweiradvermietung. *Fahrrad* 250 Dr/Tag, 1000 Dr/Woche. *Motorroller* 600–700 Dr/Tag, 4000 Dr/Woche.

PRAKTISCHE HINWEISE von A bis Z

Inhalt

Alphabet und Sprache
Anhalter
Antiquitäten
Ärztliche Hilfe
Autobus
Autofahren in Griechenland
Autovermietung
Babysitter
Banken und Wechselstuben
Camping
Diebstahl und Verbrechen
Erdbeben
Feiertage
Feuer
Flughafen
Fotografieren
Fremdenführer und Dolmetscher
Fremdenverkehrsämter
Friseur
Geld und andere Zahlungsmittel
Gottesdienste
Haustiere
Hotels und andere Unterkünfte
Karten und Pläne
Kleidung
Konsulate
Notfälle
Öffnungszeiten
Polizei
Post, Telegramme, Telefon
Radio und Fernsehen
Reiserecht
Reklamationen
Restaurants
Schuhputzen
Stromspannung
Taxi
Toiletten
Trinkgelder
Umgangsformen
Verlorene Gegenstände
Wäscherei und Reinigung
Wasser
Zeitungen und Zeitschriften
Zeitunterschied
Zigaretten, Zigarren, Tabak
Zoll und Paßformalitäten
Zweiradvermietung
Einige nützliche Ausdrücke

> Die griechische Übersetzung der Stichwörter (meist in der Einzahl) wird Ihnen nützlich sein, falls Sie jemanden um Auskunft oder Hilfe bitten wollen. Ein Stern (★) nach dem Stichwort bedeutet, daß die Preise zu diesem Abschnitt auf S. 101 verzeichnet sind.

ALPHABET und SPRACHE.

Die Buchstaben des griechischen Alphabets kann man ohne große Schwierigkeiten erlernen. Die nachstehende Tafel zeigt die griechischen Groß- und Kleinbuchstaben mit ihrer ungefähren Entsprechung im Deutschen.

Α	α	a		Ξ	ξ	x
Β	β	v wie in Vase		Ο	ο	o
Γ	γ	g*		Π	π	p
Δ	δ	d		Ρ	ρ	r
Ε	ε	e wie in fest		Σ	σ, ς	s wie in ist
Ζ	ζ	z wie s in so		Τ	τ	t
Η	η	i		Υ	υ	i
Θ	θ	th wie englisch thing		Φ	φ	f
Ι	ι	i		Χ	χ	ch
Κ	κ	k		Ψ	ψ	ps
Λ	λ	l		Ω	ω	o
Μ	μ	m		ΟΥ	ου	u
Ν	ν	n				

* vor *e* und *i* wie *j* in *ja*

Unsere Schreibweise gibt die griechischen Wörter so wieder, wie sie heute ausgesprochen werden. Eine Ausnahme bilden u.a. einige bekannte Ortsnamen (wie Rhodos) und historische Bezeichnungen; hier haben wir die gewohnte deutsche Schreibweise beibehalten. Die Betonung wurde durch einen Akzent über dem Vokal der hervorzuhebenden Silbe angegeben.

Leider sind sich die Griechen selbst noch nicht einig geworden über die Umschrift ihres Alphabets in lateinischen Buchstaben. Das Wort *ágios* (Heiliger) z.B. wird oft auch *ághios* oder *áyios* geschrieben (tatsächlich sollte *g* vor den Vokalen *e* und *i* wie *j* ausgesprochen werden).

A Zu beachten ist auch, daß sich die von uns verwendete, weit verbreitete Umschrift stark an das Englische und Französische anlehnt. Deshalb stehen z. B. *ou* für das deutsche *u*, *v* für *w* und *z* für das stimmhafte *s* (wie in Rose).

Sprachprobleme gibt es auf Rhodos selten. Die meisten Stadtbewohner sprechen etwas Englisch, Französisch, Deutsch oder Italienisch. Fast alle Beschriftungen sind sowohl in griechischer als auch in lateinischer Schrift geschrieben, und die Speisekarten sind sogar oft fünfsprachig – einschließlich Schwedisch – abgefaßt.

Die Griechen selbst haben es schon schwerer mit ihrer Muttersprache: es gibt nämlich eine Schrift- und eine Volkssprache. Die erste ist *katharévousa*, sozusagen eine künstliche Sprache, die nach der Befreiung von der türkischen Herrschaft im 19. Jh. eingeführt wurde, um das klassische Griechisch wiederzubeleben. Heutzutage wird sie außer am Gericht und im Parlament kaum noch gesprochen. Eine vereinfachte Form des *katharévousa* wird in den Zeitungen verwendet, die aber auch die Volkssprache *dimotikí* gebrauchen. Im täglichen Leben spricht jeder *dimotikí*, das auch in den Schulen gelehrt wird. Auf Rhodos wird, von einigen typischen Inselausdrücken abgesehen, das gleiche Neugriechisch wie auf dem Festland gesprochen.

Guten Morgen/Guten Tag	**kaliméra**
Guten Tag/Guten Abend	**kalispéra**
Gute Nacht	**kalinίkta**
Bitte	**parakaló**
Danke	**efcharistó**
Gern geschehen	**típota**
Auf Wiedersehen	**chérete**

GRIECHISCH FÜR DIE REISE von Berlitz vermittelt Ihnen den für die meisten Situationen ausreichenden Sprachschatz.

Spricht jemand Deutsch? **Milá kanís germaniká?**

ANHALTER *(oto-stóp)*. Trampen ist in Griechenland überall erlaubt, und man wird im allgemeinen schnell mitgenommen.

Können Sie uns bis... mitnehmen? **Boríte na mas páte méchri to...?**

ANTIQUITÄTEN. Antiquitäten dürfen nur mit Bewilligung der Archäologischen Verwaltung des griechischen Kultusministeriums ausgeführt werden. Verstöße gegen das Gesetz werden mit hohen Geldstrafen oder bis zu fünf Jahren Gefängnis geahndet. Besorgen Sie sich deshalb bei den griechischen Behörden eine Ausfuhrerlaubnis, bevor Sie versuchen, mit einer Amphore oder einer »garantiert echten byzantinischen Ikone« das Land zu verlassen.

Griechisches Kultusministerium, Abteilung Archäologie, Platía Argirokástrou, Athen; Tel. 27674 (Sprechzeiten 9–13 Uhr).

ÄRZTLICHE HILFE *(iatrikí períthalpsi)*. Siehe auch NOTFÄLLE. Damit Sie Ihre Ferien unbeschwert genießen können, versichern Sie sich am besten vor der Abfahrt, daß Ihre Krankenkasse auch ausländische Arzt- und Krankenhausrechnungen zurückerstattet. Sonst schließen Sie eine Reise- oder eine Touristenversicherung ab. Ihr Reisebüro oder Ihr Versicherungsvertreter kann Sie beraten.

Wer bei den guten klimatischen und hygienischen Verhältnissen auf Rhodos krank wird, hat es in den meisten Fällen sich selbst zuzuschreiben. Zuviel Sonne und Wein, zu reichliches Essen oder gar alles zusammen können einem den Urlaub leicht verderben. Deshalb sollte man alle guten Dinge mit Maßen genießen. Das Meer, der helle Sand und die weißgetünchten Hauswände verstärken die ohnehin schon gefährlich grellen Sonnenstrahlen. Deswegen ist eine Sonnenbrille, zumindest in den Sommermonaten, unbedingt notwendig. Um ernste Sonnenbrände zu vermeiden, die Ihnen viele Ferientage verderben können, nehmen Sie anfangs nur ein kurzes Sonnenbad. Die ägäische Sonne ist mittags zwischen 11 und 14 Uhr so intensiv, daß das beste Sonnenschutzmittel nicht gegen Verbrennungen schützt. Wenn Sie von einer Qualle gebrannt werden, hilft gegen den Schmerz am besten eine sofortige Einreibung mit Ammoniak. Wenn eine merkbare Schwellung oder andere Komplikationen eintreten, müssen Sie einen Arzt aufsuchen.

Es gibt viele gute Ärzte und Zahnärzte auf der Insel; erkundigen Sie sich am Hotelempfang. Für Notfälle steht das Krankenhaus in Rhodos durchgehend zur Verfügung.

Apotheken *(farmakío)*: Sie erkennen sie am Schild – ein rotes (oder seltener auch ein blaues) Kreuz auf weißem Grund. In der Stadt hat immer eine Apotheke Notdienst.

Wenn Sie regelmäßig Medikamente nehmen müssen, ist es ratsam, die für die Reise notwendige Menge mitzuführen. Außerdem ist eine kleine Reiseapotheke, die Mittel gegen Magen- und Darmstörungen, Fieber, Schmerzen und Sonnenbrand enthält, eine weise Vorsichtsmaßnahme.

A

ein Arzt	**énas giatrós**
ein Zahnarzt	**énas odontogiatrós**
ein Krankenwagen	**éna asthenofóro**
Krankenhaus	**nosokomío**
Magenverstimmung	**varistomachiá**
Sonnenstich	**ilíasi**
Fieber	**piretós**

AUTOBUS* *(leoforío)*. Die Insel verfügt über ein gut ausgebautes Busnetz. Die Fahrpreise sind verhältnismäßig niedrig; Sie müssen jedoch damit rechnen, daß die Busse zu den Hauptverkehrszeiten überfüllt sind und im Sommer saunaähnliche Temperaturen aufweisen. Die Zeit zwischen 13.30 und 14 Uhr vermeidet man am besten, denn dann stürmen die Griechen die Busse, um zum Essen heimzufahren.

Der Einstieg ist meistens hinten, wo der Schaffner auch Fahrausweise verkauft. Behalten Sie die Fahrkarte bis zum Ende der Fahrt, um sie bei einer Kontrolle vorweisen zu können.

Es gibt zwei Bushaltestellen: die R.O.D.A.-Haltestelle hinter der Néa Agorá (Neuer Markt) und in der Nähe der K.T.E.L.-Haltestelle.

Wann fährt der nächste Bus nach...?	**Póte févgi to epómeno leoforío giá...?**
einfach	**apló**
hin und zurück	**me epistrofí**

AUTOFAHREN IN GRIECHENLAND

Einreise: Dafür brauchen Sie:

Internationaler Führerschein (siehe unten)	Gültige Kraftfahrzeugzulassung	Grüne Versicherungskarte

Die grüne Versicherungskarte ist für Fahrer aus EG-Ländern nicht unerläßlich, bleibt aber dennoch empfehlenswert. Der internationale Führerschein ist für deutsche und österreichische Staatsangehörige nicht nötig; da er aber eine griechische Übersetzung hat, kann er bei Schwierigkeiten nützlich sein.

Das Nationalitätenkennzeichen muß deutlich sichtbar am Autoheck angebracht sein. Das rote Warndreieck ist obligatorisch, das Anlegen der Sicherheitsgurte ebenfalls; Motorroller- und Motorradfahrer sowie deren Beifahrer müssen Sturzhelme tragen.

Straßenverkehr auf Rhodos: In der Stadt und ihrer unmittelbaren Umgebung sind die Straßen gut, aber je weiter man nach Süden kommt, desto schlechter werden sie. Da sie dort eng und kurvenreich sind, ist vorsichtiges Fahren unbedingt angeraten, besonders wegen der vielen Ausflugsbusse und der Esel, Ziegen, Kühe und Ochsen, die ebenfalls die Straßen bevölkern.

Benutzen Sie Ihre Hupe ohne Bedenken. Die Griechen hupen vor jeder Kurve und erwarten vom entgegenkommenden Verkehrsteilnehmer ebenfalls ein Warnzeichen.

Benzin und Öl: Es gibt reichlich Tankstellen; bevor Sie in die abgelegenen südlichen Gebiete fahren, tanken Sie jedoch am besten noch einmal.

Verkehrszeichen: Sie entsprechen meistens den international bekannten, doch einige Schilder haben griechische Beschriftung. Nachstehend die wichtigsten:

ΑΔΙΕΞΟΔΟΣ	Keine Durchfahrt
ΑΛΤ	Stop
ΑΝΩΜΑΛΙΑ ΟΔΟΣΤΡΩΜΑΤΟΣ	Schlechte Fahrbahn
ΑΠΑΓΟΡΕΥΕΤΑΙ Η ΑΝΑΜΟΝΗ	Halteverbot
ΑΠΑΓΟΡΕΥΕΤΑΙ Η ΕΙΣΟΔΟΣ	Keine Einfahrt
ΑΠΑΓΟΡΕΥΕΤΑΙ Η ΣΤΑΘΜΕΥΣΙΣ	Parkverbot
ΔΙΑΒΑΣΙΣ ΠΕΖΩΝ	Fußgängerüberweg
ΕΛΑΤΤΩΣΑΤΕ ΤΑΧΥΤΗΤΑΝ	Langsam fahren
ΕΠΙΚΙΝΔΥΝΟΣ ΚΑΤΩΦΕΡΕΙΑ	Gefährliche Kurve
ΕΡΓΑ ΕΠΙ ΤΗΣ ΟΔΟΥ	Baustelle
ΚΙΝΔΥΝΟΣ	Gefahr
ΜΟΝΟΔΡΟΜΟΣ	Einbahnstraße
ΠΑΡΑΚΑΜΠΤΗΡΙΟΣ	Umleitung
ΠΟΔΗΛΑΤΑΙ	Radfahrer

(internationaler) Führerschein	**(diethnís) ádia odigíseos**
Kraftfahrzeugpapiere	**ádia kikloforías**
grüne Versicherungskarte	**asfália aftokinítou**
Sind wir auf der richtigen Straße nach...?	**Ímaste sto sostó drómo giá...?**
Bitte mit Normal/Super volltanken.	**Na to gemísete me venzíni aplí/ soúper, parakaló.**
Kontrollieren Sie bitte das Öl/ die Reifen/die Batterie.	**Na elénxete ta ládia/ta lásticha/ ti bataría.**
Ich habe eine Panne.	**Épatha mía vlávi.**
Es ist ein Unfall passiert.	**Égine éna distíchima.**

A **AUTOVERMIETUNG★** (ΕΝΟΙΚΙΑΣΕΙΣ ΑΥΤΟΚΙΝΗΤΩΝ – *enikiásis aftokiníton*). Siehe auch AUTOFAHREN IN GRIECHENLAND. In der Stadt gibt es zwar zahlreiche Verleihfirmen, aber trotzdem ist es ratsam, während der Hauptsaison spätestens am Vortag zu buchen. Die Preise sind, wie überall in Griechenland, ungewöhnlich hoch. Wenn Sie nicht sehr weit fahren wollen, ist es unter Umständen billiger, ein Taxi zu mieten. Die kleineren griechischen Firmen bieten oft niedrigere Preise als die international bekannten Agenturen. Das – ebenfalls teure – Benzin ist im Mietpreis nicht eingeschlossen, dafür jedoch die Versicherung. Offiziell ist ein internationaler Führerschein erforderlich, doch meist begnügen sich die Verleiher mit dem nationalen Führerschein, verlangen aber, daß man ihn mindestens seit einem Jahr besitzt; sie machen auch oft ein Mindestalter von 25 Jahren zur Bedingung.

Ich möchte ein Auto mieten.	**Tha íthela na nikiáso éna aftokínito.**
für einen Tag/eine Woche	**giá mía iméra/mía evdomáda**
Mit Vollkasko bitte.	**Sas parakaló na simberilávete miktí asfália.**

B **BABYSITTER** (»*baby-sitter*«). Am besten fragen Sie den Hotelempfang oder ein Reisebüro.

Können Sie mir/uns für heute abend einen Babysitter besorgen?	**Boríte na mou/mas vríte mía »baby-sitter« gi'apópse?**

BANKEN und WECHSELSTUBEN (*trápeza; sinállagma*). Die führenden griechischen Banken haben Filialen auf der Insel. Die meisten liegen an der Odós Makaríou und dem Platía Kíprou mitten im Einkaufszentrum. Wie überall ist auch hier der von den Banken gebotene Wechselkurs günstiger als in Hotels, außerdem bekommen Sie einen etwas besseren Kurs für Reise- und Euroschecks.

Nehmen Sie immer Ihren Paß mit, wenn Sie Geld wechseln wollen. Siehe auch ÖFFNUNGSZEITEN.

Ich möchte D-Mark/Schillinge/ Schweizer Franken wechseln.	**Thélo na alláxo merikés germaniká márka/sellínia Afstrías/elvetiká fránga.**

C **CAMPING** (»*camping*«). Es gibt keinen offiziellen Campingplatz auf Rhodos, aber Sie können Ihr Zelt mehr oder weniger überall, wo es

Ihnen gefällt, aufschlagen – Sie sollten jedoch den Besitzer vorher besser um Erlaubnis fragen. Und seien Sie nicht böse, sollte er Ihnen Ihre Bitte abschlagen: Von Gesetzes wegen darf er gar nicht anders antworten.

Mit Ausnahme des Strandes von Kallithéa ist Zelten an Stränden und an Stätten von archäologischem Interesse verboten.

Können wir hier zelten?	**Boroúme na kataskinósoume edó?**
Kann ich einen Schlafsack mieten/kaufen?	**Boró na nikiáso/agoráso éna »sleeping-bag«?**

DIEBSTAHL und VERBRECHEN *(klopí; églima)*. Beide sind auf der Insel praktisch unbekannt. Auf Rhodos gibt es kein Gefängnis, und Gesetzesbrecher müssen ihre Strafe auf der Insel Kos absitzen (meistens handelt es sich um Verkehrsvergehen). Obwohl die Hotels darum bitten, Wertsachen im Safe zu deponieren, hört man praktisch nie von Hoteldiebstählen – und wenn, waren oft Touristen die Diebe, denn die Griechen sind ehrlich.

Ich möchte einen Diebstahl melden.	**Thélo na katangílo mía klopí.**

ERDBEBEN. Es erschüttert Sie hoffentlich nicht, daß Rhodos in einer geologisch unsicheren Zone liegt und die Insel während der vergangenen Jahrhunderte öfters recht heftig bebte. Dieses Naturereignis scheint etwa zweimal pro Jahrhundert einzutreten, und man darf annehmen, das 20. Jh. habe mit den Erdbeben von 1926 und 1957 sein Soll bereits erfüllt.

FEIERTAGE *(argíes)*. Banken, Büros und Geschäfte sind an folgenden gesamtgriechischen Feiertagen geschlossen:

Bewegliche Feiertage:	*Katharí Deftéra*	»Reiner Montag«, 1. Tag der Fastenzeit
	Megáli Paraskeví	Karfreitag
	Páscha	Ostern
	Deftéra tou Páscha	Ostermontag

F

1. Januar	*Protochroniá*	Neujahrstag
6. Januar	*ton Theofaníon*	Dreikönigstag
25. März	*Ikostí Pémti Martíou*	Nationalfeiertag
	(tou Evangelismoú)	(Unabhängigkeit)
1. Mai	*Protomagiá*	Tag der Arbeit
15. August	*Dekapendávgoustos*	Mariä Himmelfahrt
	(tis Panagías)	
28. Oktober	*Ikostí Ogdóï Oktovríou*	*Óchi* (»Nein«)-Tag zur Erinnerung an die Ablehnung des italienischen Ultimatums und die Invasion von 1940
25. Dezember	*Christoúgenna*	Weihnachten
26. Dezember	*défteri iméra ton Christougénnon*	2. Weihnachtsfeiertag

Die Daten der beweglichen Feiertage der orthodoxen Kirche stimmen oft nicht mit denen der römisch-katholischen Kirche überein.

Haben Sie morgen geöffnet?   **Échete aniktá ávrio?**

FEUER. Achten Sie mit größter Vorsicht auf brennende Zigaretten und werfen Sie sie vor allem nicht aus dem fahrenden Auto. Beim Zelten prüfen Sie sorgfältig, ob alle Feuerstellen vollständig ausgelöscht sind. Das trockene Klima, die sengende Sonne und plötzlich aufkommender Wind liefern die Insel sehr leicht verheerenden Waldbränden aus.

FLUGHAFEN* *(aerodrómio)*. Alle Maschinen landen auf dem etwa 13 km außerhalb der Stadt Rhodos gelegenen Flughafen.

Die Formalitäten bei der Ein- und Ausreise sind auf ein Minimum beschränkt, der Zoll nimmt nur vereinzelt Stichproben vor. Gepäckträger finden Sie im allgemeinen leicht.

Es gibt einen Duty-free-Shop, und die Flughafen-Bars verkaufen griechische Weine und Spirituosen zu vernünftigen Preisen; außerdem gibt es einen Andenken-Kiosk und eine Wechselstube.

Siehe auch Währungsbeschränkungen unter ZOLL.

Vom Flughafen bringt Sie ein Bus in etwa 20 Minuten zum Büro der Olympic Airways an der
Ieroú Lóchou 9, Rhodos; Tel. 245-71.

Das Gepäck von Gruppen- und Charterreisenden wird oft ohne Zollkontrolle zu den Bussen gebracht, die Sie direkt zu Ihrem Hotel fahren.

Gepäckträger!	**Achthofóre!**
Taxi!	**Taxí!**
Wo steht der Bus nach...?	**Pou íne to leoforío giá...?**

FOTOGRAFIEREN *(fotografía)*. Fotogeschäfte tragen die Aufschrift ΦΩΤΟΓΡΑΦΕΙΟ *(fotografío)*. Die meisten bekannten Markenfilme sind erhältlich, wenn auch zu sehr hohen Preisen. Es ist wahrscheinlich am besten, die Filme von zuhause mitzubringen und dort nach der Rückkehr entwickeln zu lassen.

In den meisten Museen und Ausgrabungsstätten können Sie nach Zahlung einer kleinen Gebühr fotografieren. Benutzen Sie ein Stativ, so betrachtet man Sie in Griechenland als Berufsfotografen und verlangt weit höhere Gebühren.

Aus Sicherheitsgründen ist es verboten, vom Flugzeug aus mit Teleobjektiven zu fotografieren, doch können Sie Aufnahmen mit normalen Kameras und Filmkameras machen.

Ich möchte einen Film für diese Kamera.	**Tha íthela éna film giaftí ti michaní.**
Schwarzweißfilm	**asprómavro film**
Farbfilm	**énchromo film**
Diafilm	**énchromo film giá sláïds**
Darf ich eine Aufnahme machen?	**Boró na páro mía fotografía?**

FREMDENFÜHRER* und DOLMETSCHER *(xenagós; dierminéas)*. Im offiziellen Fremdenführerverband des Dodekanes sind etwa 70 Fremdenführer mit ausgezeichneten Sprachkenntnissen zusammengeschlossen. Wenn Sie einen Führer brauchen, wenden Sie sich am besten an das Fremdenverkehrsamt.

Wir möchten einen deutschsprachigen Fremdenführer.	**Tha thélame éna xenagó na milá i germaniká.**
Ich brauche einen Dolmetscher für Deutsch.	**Chriázome éna germanó dierminéa.**

FREMDENVERKEHRSÄMTER *(grafío pliroforión tourismoú)*. Das Büro der Griechischen Zentrale für Fremdenverkehr *(Ellinikós Organismós Tourismoú,* abgekürzt EOT) befindet sich in Rhodos an der

F Ecke Makaríou/Papágou (Tel. 232-55 oder 236-55); geöffnet von 8 bis 13 und von 17 bis 20 Uhr, sonntags von 8 bis 12 Uhr.

Die Büros der Griechischen Zentrale für Fremdenverkehr im Ausland stellen Ihnen eine reiche Auswahl an Prospekten und Informationsmaterial über die verschiedenen Städte und Gegenden zur Verfügung. Außerdem können Sie dort die offizielle Hotelliste mit Einzelheiten und Preisen einsehen.

Bundesrepublik Deutschland: Neuer Wall 35, 2000 Hamburg 36; Tel. 36 69 10 und 36 69 73. Neue Mainzer Straße 22, 6000 Frankfurt a. M.; Tel. 23 65 61. Pacellistraße 2, 8000 München 2; Tel. 22 20 35.

Österreich: Kärntner Ring 5, 1015 Wien; Tel. 52 53 17.

Schweiz: Gottfried-Keller-Straße 7, 8001 Zürich; Tel. 251 84 87.

Wo ist das Fremdenverkehrsamt?   **Pou íne to grafío tourismoú?**

FRISEUR★: DAMEN- (ΚΟΜΜΩΤΗΡΙΟ – *kommotírio*); **HERREN-** (ΚΟΥΡΕΙΟ – *kourío*). Damen- und Herrenfriseure finden Sie vorwiegend im Stadtzentrum von Rhodos und in den größeren Hotels.

Die folgenden Ausdrücke werden Ihnen nützlich sein:

Waschen und Legen	**loúsimo ke miz-an-plí**
Dauerwelle	**permanád**
Haarschnitt	**koúrema**
Maniküre	**manikioúr**
Rasur	**xírisma**
(Hier) nicht zu kurz.	**Óchi polí kondá (edó).**
(Hier) etwas kürzer.	**Lígo pió kondá (edó).**

G **GELD und ANDERE ZAHLUNGSMITTEL**

Währung: Die Währungseinheit ist die Drachme *(drachmí,* abgekürzt Dr, auf griechisch Δρχ.).

Münzen: 1, 2, 5, 10, 20, 50 Drachmen. Vor 1976 geprägte Münzen sind ungültig.

Scheine: 50, 100, 500, 1000 Drachmen.

Kreditkarten und Reiseschecks *(pistotikí kárta;* »*travellers' cheque*«*).* Die international bekannten Kreditkarten werden von den meisten Geschäften, allen Banken, Autovermietern und großen Hotels auf Rhodos akzeptiert. Wenn Sie aber in eine Taverne oder zum Tanzen gehen, nehmen Sie besser Drachmen mit. Reisechecks werden ebenfalls gern in Zahlung genommen. In manchen Fällen wird man Sie beim Geldumtausch nach Ihrem Paß fragen.

Nehmen Sie Reiseschecks an?	**Pérnete »travellers' cheques«?**
Kann ich mit dieser Kreditkarte zahlen?	**Boró na pliróso me aftí ti pistotikí kárta?**

GOTTESDIENSTE *(litourgía)*. Der griechisch-orthodoxe Glaube ist Staatsreligion.

In Rhodos kann man in der Marienkirche an der Odós Kathopoúli der katholischen Messe beiwohnen (während der Saison auf Anfrage auch auf deutsch). Von Zeit zu Zeit wird dort auch ein protestantischer Gottesdienst abgehalten.

Die Sholom-Synagoge aus dem 17. Jh. in der Dosiádou, nahe dem Platía Evréon Martíron, steht Juden und Andersgläubigen zum Besuch und zur Andacht offen.

Wann beginnt die Messe/der Gottesdienst?	**Ti óra archízi i litourgía?**
Wird sie/er auf deutsch gehalten?	**Íne sta germaniká?**

HAUSTIERE. Falls Sie die Absicht haben, Ihren Hund mitzunehmen, brauchen Sie die tierärztliche Bescheinigung, daß er im Laufe der letzten 12 Monate gegen Tollwut geimpft wurde. Für Katzen benötigt man die Bestätigung, daß sie frei von ansteckenden Krankheiten sind. Sorgen Sie dafür, daß diese Atteste vor Ihrer Abreise von einem griechischen Konsulat beglaubigt werden. Bedenken Sie auch, daß in den meisten Hotels Tiere unerwünscht sind.

HOTELS* und ANDERE UNTERKÜNFTE *(xenodochío; domátia)*. Auf der Insel finden Sie ungefähr 30 000 Betten in sauberen Hotelbetrieben, vom Luxushotel bis zur einfachen Familienpension. In abgelegenen Gegenden kann man auch ein Zimmer bei Privatleuten bekommen. Die Hotels liegen entweder in der Stadt oder an der Westküste. Es ist ratsam, vor der Abfahrt zu buchen, denn Rhodos ist besonders im Juli und im August fast immer überfüllt. Sollten Sie nicht im voraus reserviert haben, so wenden Sie sich am besten sofort an den Zimmernachweis am Flughafen.

Wenn Sie eine Pauschalreise gebucht haben, brauchen Sie sich natür-

H lich nicht um die Hotelrechnung zu kümmern; sonst wird Ihnen die Rechnung im allgemeinen jede Woche vorgelegt. Meistens gewährt man für Kinder, vorausgesetzt sie schlafen im Zimmer der Eltern, eine Preisermäßigung. Während der Hauptsaison besteht das Hotel unter Umständen darauf, daß Sie mindestens Halbpension buchen. Wenn Sie ein Zimmer ohne Bad oder Dusche haben, müssen Sie möglicherweise eine kleine Benutzungsgebühr für das Etagenbad zahlen. Alle Bedienungsaufschläge (außer einer Kurtaxe) sind im Preis enthalten, der im Zimmer aushängen sollte. Die Preiskategorien sind staatlich vorgeschrieben. Die Hotelpreise sind außerdem im Hotelführer für Griechenland angegeben, der bei der Griechischen Zentrale für Fremdenverkehr sowie in den meisten Reisebüros eingesehen werden kann. Wenn Ihr Zimmer eine Klimaanlage hat, wird dafür ein geringer Aufschlag berechnet.

Am Abreisetag sollten Sie das Zimmer bis um 12 Uhr räumen, sonst müssen Sie den folgenden Tag mitbezahlen.

ein Doppel-/Einzelzimmer	**éna dipló/monó domátio**
mit/ohne Bad	**me/chorís bánio**
Was kostet eine Übernachtung?	**Piá íne i timí giá mía níkta?**

K **KARTEN und PLÄNE** *(chártis)*. Es gibt verschiedene Karten und Pläne der Insel; achten Sie darauf, daß sie neueren Datums sind. Die Karten in diesem Buch wurden vom Falk-Verlag, Hamburg, hergestellt.

einen Stadtplan von...	**éna odikó chárti tou...**
eine Straßenkarte der Insel	**éna chárti tou nisioú**

KLEIDUNG. Auf Rhodos kennt man in dieser Hinsicht wenig Probleme – man trägt, worin man sich wohlfühlt. Abends sieht man viel lange Röcke. Sonst sind Shorts, Hosen, Röcke und Blusen überall passend. In den eleganteren Hotels tragen die Herren abends Jacketts, eine Krawatte ist jedoch nicht unbedingt nötig.

Leichte, bügelfreie Kleidung ist am praktischsten, und während der heißen Sommermonate trägt sich Baumwolle angenehmer als Kunstfasern. Da es öfter windig ist, sollten Sie nicht vergessen, ein Kopftuch und eine leichte Jacke einzupacken. Bei Bootsfahrten, besonders während der Wintermonate, ist eine Windjacke oder ein Pullover nötig, denn der *meltémi* (der ägäische Nordwind) ist oft ziemlich kühl.

Wenn Sie Ausgrabungsstätten besuchen oder wandern wollen, brauchen Sie bequeme Schuhe. Sandalen und leichte Sommerschuhe finden

Sie billig und in reicher Auswahl auf Rhodos. Wer empfindliche Füße hat, sollte im Hinblick auf steinige Strände und muschelübersäte Klippen auch Badeschuhe einpacken.

Muß ich Jackett und Krawatte tragen?	**Tha chriastó sakáki ke graváta?**
Kann ich dies tragen?	**Tha íme endáxi an foréso aftó?**

KONSULATE *(proxenío)*

Konsulat der Bundesrepublik Deutschland: Odós Kennedy 43, Rhodos; Tel. 4 14 37.

Österreichisches Konsulat: Platía Eleftherías/Dédalou 2, Rhodos; Tel. 22 23 39/22 33 79.

Schweizer Botschaft und Konsulat: Odós Iassíou 2, Athen; Tel. 723 03 64-66.

Alle ausländischen Botschaften befinden sich in Athen. Bei ernsten Schwierigkeiten raten wir Ihnen, sich sofort an Ihr Konsulat zu wenden.

Wo ist das deutsche/österreichische/Schweizer Konsulat?	**Pou íne to germanikó/ afstriakó/elvetikó proxenío?**
Es ist sehr dringend.	**Íne polí epígon.**

NOTFÄLLE *(prótes anánges)*.
Wenn man Ihnen im Hotel nicht helfen kann, wenden Sie sich am besten an einen der nachstehenden Notrufe:

Polizei	100	Fremdenverkehrsamt	232-55
Feuer	199	Touristenpolizei	274-23
Krankenhaus	255-55	Griechischer Automobilklub	250-66

Je nach der Notlage finden Sie Ratschläge unter den Überschriften: ÄRZTLICHE HILFE, KONSULATE, POLIZEI usw.

Nachstehend noch einige Hilferufe, die Sie sich vielleicht für alle Fälle einprägen möchten:

Feuer	**Fotiá**	Hilfe	**Voíthia**
Halt	**Stamatíste**	Polizei	**Astinomía**

ÖFFNUNGSZEITEN.
Es ist eine vernünftige Sitte im Süden, während der heißen Mittagsstunden zu schlafen oder zu ruhen. Die meisten Büros und Geschäfte sind zwischen 13.30 und 17 Uhr geschlossen, um dann wieder bis gegen 21 Uhr zu öffnen.

O **Banken und Wechselstuben:** Montag bis Freitag 8–14 Uhr; der Wechselschalter der Nationalbank am Platía Kíprou ist auch nachmittags 17–19 Uhr sowie Samstag und Sonntag vormittags geöffnet.

Fremdenverkehrsbüro (EOT): Montag bis Samstag 8–20 Uhr; Sonntag 9–12 Uhr.

Geschäfte: 8.30–13 Uhr und 17–20.30 Uhr. Die meisten Geschäfte außer den Lebensmittelläden schließen Samstag nachmittags.

Postamt: Montag bis Freitag 8–20 Uhr.

P **POLIZEI** *(astinomía)*. Es gibt zwei Polizeieinheiten auf Rhodos. Die *chorofílakes* in grüner Uniform sind vor allem für die Verkehrsregelung zuständig. Zu hohe Geschwindigkeiten werden streng bestraft, und die Geldstrafe muß oft sofort bezahlt werden.

Außerdem gibt es noch die *Touristikí Astinomía* (Touristenpolizei). Jeder Polizist zeigt durch ein Abzeichen (Landesfarben) auf seiner grauen Uniform an, welche Sprachen er spricht. Die Touristenpolizei ist für die Preisüberwachung in Restaurants und Hotels sowie alle den Fremdenverkehr betreffenden Beschwerden zuständig. Der Posten befindet sich neben dem Fremdenverkehrsamt an der Ecke Makaríou/Papágou (Tel. 274-23).

Wo ist die nächste Polizeiwache? **Pou íne to kodinótero astinomikó tmíma?**

POST, TELEGRAMME, TELEFON. Das Hauptpost- und Telegrafenamt gegenüber dem Mandráki-Hafen ist täglich geöffnet (siehe ÖFFNUNGSZEITEN). Briefmarken sind auch in allen Tabakläden und an Automaten erhältlich. Die gesamte Post wird per Luftpost versandt. Die griechischen Briefkästen erkennen Sie an der gelben Farbe.

Postlagernde Sendungen: Wenn Sie Ihre genaue Anschrift vor der Abreise noch nicht kennen, können Sie sich Ihre Briefe postlagernd *(poste restante)* ans Hauptpostamt *(tachidromío)* in Rhodos nachschicken lassen. Die Post wird Ihnen nur ausgehändigt, wenn Sie sich ausweisen können.

Telefon *(tiléfono)*: Das griechische Telefonnetz ist modern und zuverlässig; von Rhodos aus können Sie die meisten europäischen Länder direkt wählen. Das Telefon- und Telegrafenamt an der Ecke Amerikís/25 Martíou ist Tag und Nacht geöffnet. Die blauen Telefonzellen sind für Gespräche innerhalb Griechenlands, die orangefarbenen für internationale Gespräche bestimmt.

Eine Briefmarke für diesen Brief/ diese Postkarte, bitte.	**Éna grammatósimo giaftó to grámma/kart postál, parakaló.**
Ich möchte ein Telegramm nach... aufgeben.	**Thélo na stílo éna tilegráfima sto...**
Haben Sie Post für...?	**Échete grámmata gia...?**
Können Sie mich mit dieser Nummer in ... verbinden?	**Boríte na mou párete aftó ton arithmó...?**
ein R-Gespräch	**plirotéo apó to paralípti**
ein Gespräch mit Voranmeldung	**prosopikí klísi**

RADIO und FERNSEHEN *(rádio; tileórasi)*. Der griechische Rundfunk strahlt jeden Morgen Nachrichten und Wetterberichte in englischer, französischer und deutscher Sprache aus, und das staatliche Fernsehprogramm bringt jeden Abend Nachrichten in englischer Sprache. Deutsche Kurzwellensender sind in der Ägäis, besonders nach Einbruch der Dunkelheit und am frühen Morgen, sehr gut zu empfangen.

Wenn Sie in Ihrem Hotel oder in einem Café oder Restaurant Gelegenheit zum Fernsehen haben, können Sie oft ausländische Filme sehen, die in der Originalsprache mit griechischen Untertiteln gezeigt werden.

REISERECHT. In etlichen Punkten ist das Recht des Urlaubers nach wie vor nicht klar umrissen, in anderen hingegen werden Sie einfache Kenntnisse vor Schaden bewahren. Die nachstehenden Informationen können zwar nicht vollständig sein, sie sollen Sie aber auf Beachtenswertes hinweisen.

So sollten Sie zum Beispiel wissen, daß die Flugscheine der Liniengesellschaften in der Regel ein Jahr Gültigkeit haben, diese Spanne bei Spezialtickets jedoch oft wesentlich kürzer ist. Daß die großen internationalen Leihwagenfirmen ihren Kunden gestatten, auch kurzfristig ohne Nachteil vom Vertrag zurückzutreten. Daß ein Urlauber sich jederzeit vor Beginn der Reise von einem Pauschalreisevertrag lösen kann, wenn er dies dem Veranstalter schriftlich mitteilt. (Sie werden dann allerdings eine Rücktrittsgebühr entrichten müssen.) Daß die Rücktrittsgebühren bei Charterflugreisen und Schiffsreisen zeitlich gestaffelt sind – sie mögen bei letzteren bis zu 75% betragen – und Sie

R daher die entsprechenden Hinweise vor dem Vertragsabschluß gut durchlesen sollten. Und so fort.

Die dringendste Empfehlung, die wir geben können, lautet: Lesen Sie bei allen Bestellungen und Buchungen das Kleingedruckte, die allgemeinen Geschäftsbedingungen, genau, denn mit Ihrer Unterschrift erkennen Sie sie an.

Zweitens gilt es, je nach der Art der gebuchten Reise entsprechende Versicherungen abzuschließen, zum Beispiel eine Reise-Rücktrittskostenversicherung, Reise-Gepäckversicherung, Reise-Haftpflichtversicherung, Reise-Unfallversicherung, Reise-Krankenversicherung usw.

Auskunft erteilen in allen Fragen sowohl die Verbraucherschutzverbände als auch die örtlichen Versicherungsagenturen und natürlich die Reisebüros.

Wohin sich wenden jedoch, wenn im Ausland Geld, Reisepaß, Dokumente oder Gepäck abhanden kommen? Unkenntnis der Landesgesetze, die, auch unschuldige, Verwicklung in einen Verkehrsunfall mögen ins Gefängnis führen. Todesfälle kommen vor. In allen diesen Fällen hilft Ihre Auslandsvertretung (siehe KONSULATE). Es ist die Pflicht der Konsularabteilungen, zu helfen. Ihre Hauptaufgabe ist es, neue Papiere zu besorgen, hingegen sind sie keine Kreditinstitute. Gegebenenfalls gibt es zwar einen Vorschuß für die Heimfahrt und ein Zehrgeld, doch beides muß zuhause zurückbezahlt werden.

Geht es um Gesetzesfragen, wird alles komplizierter. Hier kann das Konsulat nur einen einheimischen Anwalt vermitteln, bei unbegründeten Festnahmen auch Beschwerde vortragen. Wer festgenommen wird, hat nach der Wiener Konvention Anspruch auf Kontakt mit seinem Konsul.

REKLAMATIONEN *(parápona)*. Wenn Sie wirklich den Eindruck haben, daß Sie übervorteilt wurden, wenden Sie sich zuerst an den Besitzer oder Geschäftsleiter. In den meisten Fällen wird es möglich sein, eine Einigung zu erzielen; wenn nicht, müssen Sie sich mit der für derartige Fälle zuständigen Touristenpolizei in Verbindung setzen (siehe POLIZEI). Der Tourismus ist einer der wichtigsten Devisenbringer für Griechenland – man wird also versuchen, Sie zufriedenzustellen.

RESTAURANTS★. Siehe auch Tafelfreuden S. 81. Es wird Ihnen auf Rhodos bestimmt keinerlei Schwierigkeiten bereiten, etwas zu essen oder zu trinken zu bekommen. In einem Restaurant *(estiatório)* oder einer Taverne *(tavérna)* geht der Gast gewöhnlich gleich in die Küche und bestellt sein Essen direkt vom Herd oder aus dem Eisschrank. Wenn Sie nicht gerne in die Küche gehen, müssen Sie sich mit der – oft mehrsprachig abgefaßten – Speisekarte behelfen.

Ich möchte ein/eine/etwas...   **Tha íthela...**

Besteck	**macheropírouna**	Nachtisch	**éna glikó**
Bier	**mía bíra**	Reis	**rízi**
Brot	**psomí**	Salat	**mía saláta**
Fisch	**psári**	Serviette	**éna trapezomándilo**
Fleisch	**kréas**	Speiseeis	**éna pagotó**
Früchte	**froúta**	Suppe	**mía soúpa**
Glas	**éna potíri**	Tee	**éna tsái**
Kaffee	**éna kafé**	Wasser	**neró**
Kartoffeln	**patátes**	(eisgekühlt)	**(pagoméno)**
Milch	**gála**	Wein	**krasí**
Mineralwasser	**metallikó neró**	Zucker	**záchari**

SCHUHPUTZEN *(stilvotírio)*. Es ist sinnlos, Ihre Schuhe abends vor das Zimmer zu stellen, Sie werden sie am Morgen genauso staubig wieder vorfinden. In der Altstadt, besonders in der Odós Sokrátous, gibt es Schuhputzer, die Ihnen die Schuhe für ein paar Drachmen blankputzen.

Würden Sie bitte meine Schuhe putzen? **Boríte na mou gialísete aftá ta papoútsia, parakaló?**

STROMSPANNUNG. Allgemein gibt es 220 V Wechselstrom. Die Stecker sind entweder zwei- oder dreipolig. Bringen Sie sich am besten einen Zwischenstecker von zuhause mit.

eine Batterie   **mía bataría**

TAXI *(taxí)*. In der Stadt haben die Taxis das Zeichen ΤΑΞΙ auf dem Dach. Obwohl Benzin teuer ist, bleiben Taxis auf Rhodos ein billiges Verkehrsmittel, und die Taxifahrer sind bekannt für ihre Hilfsbereitschaft und Ehrlichkeit.

Außerhalb der Stadt gibt es noch sogenannte Landtaxis *(agoréon)*. Sie haben kein Taxameter, sondern berechnen den Fahrpreis nach der Entfernung oder bestimmten Zonen. Die Preise liegen etwas höher als für Fahrten in Taxis mit Taxameter. Mieten Sie ein Taxi für mehrere

T Stunden oder den ganzen Tag, so sollten Sie den Preis vor Fahrtantritt aushandeln.

Wenn Sie schnell *(amésos)* ein Taxi brauchen, rufen Sie die Nummer 276-66 an. Damit erreichen Sie den großen Taxistand beim Mandráki-Hafen. Die Fahrer erwarten nur ein Aufrunden des Fahrpreises, man gibt jedoch meistens ein zusätzliches Trinkgeld.

| Wieviel kostet die Fahrt nach…? | **Piá íne i timí giá…?** |

TOILETTEN *(toualéttes)*. In der Stadt Rhodos gibt es etliche öffentliche Toiletten. Im Notfall können Sie immer ein Café oder eine Taverne aufsuchen.

Wenn Sie dem Schild ΤΟΥΑΛΕΤΤΕΣ folgen, werden Sie zu den beiden Türen mit der Aufschrift ΑΝΔΡΩΝ (Herren) oder ΓΥΝΑΙΚΩΝ (Damen) gelangen.

| Wo sind die Toiletten? | **Pou íne i toualéttes?** |

TRINKGELDER. In Hotels, Restaurants und Tavernen ist das Trinkgeld im Preis inbegriffen. Die Griechen erwarten nicht immer und unbedingt ein Trinkgeld; wenn Sie jedoch zufrieden waren, sollten Sie sich erkenntlich zeigen.

Fremdenführer, halber Tag	100 Dr (fakultativ)
Friseur	10%
Hoteldiener	20–30 Dr (z.B. pro Gepäckstück)
Kellner	5% (fakultativ)
Taxifahrer	10% (fakultativ)
Toilettenpersonal	10 Dr
Zimmermädchen	30–50 Dr pro Tag

U **UMGANGSFORMEN.** Die griechische Gastfreundschaft ist sprichwörtlich. Die Einladungen erfolgen spontan, nicht aus Berechnung, und es ist schwer, sie zurückzuweisen, ohne die Griechen zu beleidigen.

Mit der Pünktlichkeit nehmen es die Griechen nicht sehr genau und pflegen nichts zu übereilen. »Ein Moment« oder »eine Minute« kann ohne weiteres Stunden dauern. Und wie das spanische *mañana*, bedeutet auch das griechische *ávrio* eher »bald« als »morgen«. Fassen Sie sich also in Geduld. Wenn Sie sich darüber beschweren, wird man Ihr Verhalten befremdlich, ja sogar ungezogen finden. Da viele Griechen sich während der Mittagsstunden ausruhen, rufen Sie besser nicht zwischen 14.30 und 17 Uhr an.

Anstarren gilt nicht als unhöflich. Wenn man jemanden ansieht, zeigt man Interesse und befriedigt seine Neugier (die keine Untugend ist).

Die Griechen feiern den Namenstag (nach dem Kalender der orthodoxen Kirche), also nicht den Geburtstag. Wenn Sie einem Bekannten Freude machen wollen, erkundigen Sie sich nach seinem Vornamen und wünschen ihm *chrónia pollá* (»viele Jahre«).

Wie überall freut man sich auch hier, wenn Sie einige Worte in der Landessprache können, wie etwa *kaliméra* (guten Morgen), *kalispéra* (guten Abend), *parakaló* (bitte) und *efcharistó* (danke). Das sind Kleinigkeiten, die Ihnen aber helfen, Freunde zu gewinnen.

Wie geht es Ihnen?	**Ti kánete?**

VERLORENE GEGENSTÄNDE *(grafío apolesthéndon andikiménon)*. Die Griechen sind ehrlich, daher werden Sie höchstwahrscheinlich verlorene Sachen wiederbekommen. Wenden Sie sich hierfür an die Touristenpolizei (Tel. 274-23), die ihr Büro neben dem Fremdenverkehrsamt an der Ecke Makaríou/Papágou hat.

Ich habe meine Brieftasche/ meine Handtasche/meinen Paß verloren.	**Échasa to portofóli mou/ti tsánda mou/to diavatirió mou.**

WÄSCHEREI und REINIGUNG (ΠΛΥΝΤΗΡΙΟ – *plintírio;* ΚΑΘΑΡΙΣΤΗΡΙΟ – *katharistírio*). Weder Trockenreinigungen noch Waschsalons bzw. Hotelwäschereien sind preiswert. Es ist zweckmäßig, schnell trocknende Kleidungsstücke mitzunehmen, die man im Hotelzimmer auswaschen kann.

Wann ist es fertig?	**Póte tha íne étimo?**
Ich brauche es bis morgen früh.	**Prépi na íne étimo ávrio to proí.**

WASSER *(neró)*. Das Wasser auf der Insel kann ohne Bedenken getrunken werden, und da es Quellwasser ist, schmeckt es sogar besonders gut. In Griechenland wird Ihnen, wenn Sie Kaffee oder einen

W Schnaps bestellen, immer ein Glas Wasser mitserviert. In Bars und Restaurants können Sie außerdem Mineralwasser bestellen.

eine Flasche Mineralwasser	éna boukáli metallikó neró
mit Kohlensäure	me anthrakikó
ohne Kohlensäure	chorís anthrakikó
Ist das Trinkwasser?	Íne pósimo aftó to neró?

Z **ZEITUNGEN und ZEITSCHRIFTEN** *(efimerída; periodikó)*. Die wichtigsten überregionalen deutschsprachigen Tageszeitungen und Wochenmagazine sind erhältlich. Die größte Auswahl finden Sie am Zeitungsstand am Eingang zum Neuen Markt und an den Kiosken vor dem Postamt. Außerdem verkaufen viele Hotels Zeitungen.

Haben Sie deutschsprachige Zeitungen? **Échete germanikés efimerídes?**

ZEITUNTERSCHIED. In Griechenland gilt die osteuropäische Zeit (OEZ). Wenn es also in Deutschland, Österreich und der Schweiz 8 Uhr ist (MEZ), ist es in Griechenland bereits 9 Uhr. Zwischen April und Oktober wird die Sommerzeit eingeführt, d.h. die Uhren werden um 1 Stunde vorgestellt. Der Zeitunterschied beträgt dann also 2 Stunden. Erkundigen Sie sich jedoch vor der Abreise, denn es gibt je nach Land von Jahr zu Jahr Änderungen.

Wie spät ist es? **Ti óra íne?**

ZIGARETTEN, ZIGARREN, TABAK★ *(tsigára, poúra, kapnós)*. Der griechische Tabakwarenladen ist mit ΚΑΠΝΟΠΩΛΕΙΟ *(kapnopolío)* beschriftet. Griechischer Tabak ist mild und von guter Qualität. Der Großteil davon kommt aus Makedonien, aber auch auf Rhodos sieht man Tabakfelder. Wenn Sie sich an einheimische Marken halten, ist Rauchen in Griechenland ein preiswertes Vergnügen. Zigaretten gibt es von milden gefilterten bis zu starken ungefilterten in jeder Stärke.

Eine Schachtel Zigaretten.	**Éna pakéto tsigára.**
mit Filter	**me fíltro**
ohne Filter	**chorís fíltro**
Eine Schachtel Streichhölzer.	**Éna koutí spírta.**

ZOLL und PASSFORMALITÄTEN. Siehe auch AUTOFAHREN IN GRIECHENLAND. Wenn Sie nicht länger als 3 Monate auf der Insel bleiben wollen, genügen Paß oder Personalausweis. Die Formalitäten bei der Einreise sind auf ein Mindestmaß beschränkt, und die griechischen Beamten sind bestrebt, die Reisenden so schnell wie möglich abzufertigen.

Zollfrei können Sie nach Griechenland (bzw. in Ihr Heimatland) einführen:

nach:	Zigaretten	Zigarren	Tabak	Spirituosen	Wein
Griechenland	200 oder (300)	50 oder (75)	250 g (400 g)	1 l oder (1¼ l)	2 l (4 l)
BRD	200 oder (300)	50 oder (75)	250 g (400 g)	1 l und (1¼ l)	2 l (4 l)
Österreich	200 oder	50 oder	250 g	1 l und	2 l
Schweiz	200 oder	50 oder	250 g	1 l und	2 l

(Die Zahlen in Klammern gelten für aus einem EG-Land einreisende Personen, aber nur für Waren, die nicht »zollfrei« gekauft wurden.)

Einfuhrbeschränkungen für Drachmen: Ausländische Besucher dürfen nicht mehr als 3000 Drachmen pro Person ein- oder ausführen. Keinerlei Beschränkung hingegen existiert bei ausländischer Währung oder Reiseschecks. Beträge über 500 Dollar müssen jedoch bei der Einreise deklariert werden.

Ich habe nichts zu verzollen.	**Den écho na dilóso típota.**
Das ist zum persönlichen Verbrauch bestimmt.	**Íne giá prosopikí chrísi.**

ZWEIRADVERMIETUNG★ (Fahrradvermietung – *enikiásis podiláton*; Motorrollervermietung – *enikiásis motopodiláton*). In Rhodos selbst finden Sie Verleihgeschäfte in der Odós Makaríou (Zentrum) oder in der Nähe des Platía Evréon Martíron (Altstadt).

In der Stadt ist Motorenlärm von zweirädrigen Fahrzeugen während der Mittagsstunden, nach 23 Uhr und vor Hotels verboten.

Wie hoch ist die Miete pro Tag?   **Póso kostízi giá mía iméra?**

WOCHENTAGE

Sonntag	**Kiriakí**	Donnerstag	**Pémti**
Montag	**Deftéra**	Freitag	**Paraskeví**
Dienstag	**Tríti**	Sonnabend	**Sávvato**
Mittwoch	**Tetárti**		

MONATE

Januar	**Ianouários**	Juli	**Ioúlios**
Februar	**Fevrouários**	August	**Ávgoustos**
März	**Mártios**	September	**Septémvrios**
April	**Aprílios**	Oktober	**Októvrios**
Mai	**Máios**	November	**Noémvrios**
Juni	**Ioúnios**	Dezember	**Dekémvrios**

ZAHLEN

0	midén	18	dekaoktó
1	éna	19	dekaenniá
2	dío	20	íkosi
3	tría	21	íkosi éna
4	téssera	22	íkosi dío
5	pénde	30	triánda
6	éxi	31	triánda éna
7	eptá	32	triánda dío
8	októ	40	saránda
9	enniá	50	penínda
10	déka	60	exínda
11	éndeka	70	evdomínda
12	dódeka	80	ogdónda
13	dekatría	90	enenínda
14	dekatéssera	100	ekató
15	dekapénde	101	ekatón éna
16	dekaéxi	500	pendakósia
17	dekaeptá	1,000	chília

EINIGE NÜTZLICHE AUSDRÜCKE

ja/nein — **ne/óchi**
bitte/danke — **parakaló/efcharistó**
Verzeihung/gern geschehen — **me sinchoríte/típota**

wo/wann/wie — **pou/póte/pos**
wie lange/wie weit — **póso keró/póso makriá**

gestern/heute/morgen — **chthes/símera/ávrio**
Tag/Woche/Monat/Jahr — **iméra/evdomáda/mínas/chrónos**

links/rechts — **aristerá/dexiá**
gut/schlecht — **kalós/kakós**
groß/klein — **megálos/mikrós**
billig/teuer — **ftinós/akrivós**
heiß/kalt — **zestós/kríos**
alt/neu — **paliós/néos**
geöffnet/geschlossen — **aniktós/klistós**

Spricht hier jemand deutsch? — **Milá kanís germaniká?**

Was heißt das? — **Ti siméni aftó?**

Ich verstehe nicht. — **Den katalavéno.**

Bitte schreiben Sie das auf. — **Parakaló grápste to.**

Wie spät ist es? — **Ti óra íne?**

Wieviel kostet das? — **Póso káni aftó?**

Kellner, bitte. — **Garsóni, parakaló!**

Ich hätte gern... — **Tha íthela...**

Register

Ein Sternchen (*) neben einer Seitenzahl verweist auf eine Karte.

Achäer *11, 59, 63*
Afándou *50, 51*, 94*
Ágios Pávlos *51*, 58*
Ágios Stefanós (siehe Monte Smith)
Akramítis *65*
Akropolis *47, 50, 54–57, 57**
Aktí
  Kanári *92*
  Miaoúli *42*, 92*
Alimiá *51*, 64*
Amboise-Tor *35, 36**
Aphrodite *14, 28, 46, 95*
Apolakkiá *51*, 58*
Aquarium *42*, 46*
Araber *13, 16*
Archángelos *51*, 52–53, 80*
Aristotélous *23*, 40*
Asgouroú *50, 51**
Asklipiíon *51*, 69*
Athene *8, 14, 55–57, 60*
Attáviros *28, 51*, 52, 64, 65, 93–94*

Bootssport *43, 90*
Bouzoukimusik *70–71, 75*
Brunnen *25, 30, 39, 61, 68*
Byzanz *16–18*

Cassius *16, 64*
Chálki *18, 64*
Charáki *53, 92*
Collachium (siehe Ritterviertel)

Damagítou *40*
Demetrios Poliorketes *13, 14–15, 27*
Deutschen *20, 40, 60, 75*

Dimotikós Kípos *74*
Dorier *11–12, 59, 63*
Durrell, Lawrence *28*

Eftá Pigés *51*, 52*
Einkaufen *37, 41–43, 76–80*
Émbonas *51*, 64–65, 72, 94*
Erdbeben *13, 28, 37, 43, 47, 63, 67, 108*
Erzbischofs-Palast *23*, 39*

Faliráki *50, 51*, 90, 91*
Fauna *96*
Feraklós *51*, 53*
Feste *49, 61, 62, 72*
Festungen *18, 54, 67, 69*
Filérimos *11, 51*, 59–61*
Flora *95*

Gennádion *51*, 58*

Häfen *57*
  Akándia *43*
  Emborió *23*, 24, 36*, 43*
  Kos *69*
  Mandráki *42*, 43–45, 67, 69, 90, 92*
Helepolis *14–15*
Helios *6–7, 13, 14, 15, 28, 95*
Herbergen *18, 19*
  Auvergne *25*
  Deutschen *30*
  Engländer *28, 31*
  Franzosen *30–31, 39*
  Italiener *29–30*
  Provence *32*
  Spanier *32*
Hexapolis *12, 67*
Hippokrates *49, 67, 68*

Iálissos (siehe Filérimos)
Ippodámou 23*, 37
Ippotón 23*, 25, 28, 32, 42*, 75
Italiener 11, 19–20, 24, 28, 29, 31, 32–34, 43, 44, 47–48, 49, 50

Jagd 95
Judenviertel 23*, 39–40

Kálathos 51*, 53
Kalavárda 51*, 62
Kálimnos 8, 18
Kallithéa 49, 51*, 69, 92
Kámiros 8, 11, 28, 46, 51*, 59, 62–64
Kámiros Kastello 64
Kámiros Skála 64
Kap
  Armenistís 51*, 65
  Milianós 51*, 92
  Prassonísi 51*, 53, 58
  Víglos 51*, 58, 92
Kárpathos 8, 27
Kasino 75
Kastellania 39
Kattaviá 51*, 58
Kino 75
Kirchen 31, 52, 54–55, 60–61, 67
  Evangelismós 42*, 44
  Johanneskirche 31, 32, 42*, 44
  Marienkirche (Líndos) 54
  Marienkirche (Rhodos) 25, 31
  Muttergotteskirche 60
Klöster 58, 60, 67
Kolímbia 50, 51*, 69
Koloß von Rhodos 13, 46, 47
Kos 18, 34, 67–69
Koskinoú 50, 51*
Kremastí 51*, 61, 72
Kritínia 51*, 64
Küche 81–88

Lárdos 92
Leuchttürme 44, 53, 58
Líndos 11, 12, 46, 50, 51*, 53–58, 57*, 80, 92

Marítsa 51*, 72
Mauern 22–24, 35, 36*, 36, 37
Mohamed II. 18
Molóna 51*, 53
Moní Tsambíka 52
Monólithos 51*, 59, 65–66
Monte Smith 47–48
Moscheen 50
  Aga 37
  Enderum 25
  Ibrahim-Pascha 40
  Loggia 69
  Murad-Reis 42*, 45
  Redjeb-Pascha 39
  Suleiman 23*, 37
Museen 30, 75
  Archäologisches 25, 27–28, 75
  Byzantinisches 25
  Kunstgewerbe 25, 75

Nachtleben 75
Néa Agorá 42*, 43, 49

Oúzo 79, 87

Paläste 30
  Großmeisterpalast 13, 19, 23*, 31, 33–34, 42*
  Gouverneurspalast 42*, 44
  Kommandantenwohnung 54–55, 57*
Panormítis 67
Paradísion 51*, 61
Paulus, Apostel 8, 16, 57
Phönizier 11, 59

REGISTER

Píli Eleftherías *24*
Platía
  Argirokástrou *25, 75*
  Aríonos *38, 39*
  Evréon Martíron *39–40*
  Ippokrátous *39*
  Kleovoúlou *23*, 32, 35, 37*
  Kíprou *41*
  Nosokomíou *25*
  Símis *24*
Plimíri *51*, 58*
Profítis Ilías *51*, 62*
Psínthos *51*, 62*
Ptolemäergrab *49*
Ptolemaios I. *14, 48*

Rathaus *42*, 45*
Restaurants (siehe auch Tavernen) *43, 49, 52, 81–82, 101*
Ritterhospital *17, 23*, 25–27*
Ritterstraße (siehe Ippotón)
Ritterviertel (Collachium) *21, 22–36, 23*, 36**
Rodíni-Park *49*

Sianna *51*, 65*
Sími *8, 18, 47, 68*
Skiádi *51*, 58*
Sokrátous *23*, 37, 39, 40, 42*, 76*
Soroní *51*, 62, 72*
Sprache *22, 81–82, 103–104*
St. Nikolaus *42*, 44*
Stadion *48*

Strände *45, 50, 52, 53, 58, 69, 90–93*
Suleiman II. (der Prächtige) *8, 18–19, 28, 36, 37, 60, 75*

Tal der Schmetterlinge (Petaloúdes) *51*, 59, 61–62*
Tavernen (siehe auch Restaurants) *70–73, 80–82*
Tempel *28, 34, 54, 60, 64, 93*
  Aphrodite *24, 42**
  Apollon *47*
  Athene Lindia *8, 55–57, 57**
Theater *42*, 45, 47–48, 73*
Thera (Santoríni) *59*
Thérme Kallithéas (siehe Kallithéa)
Ton- und Lichtschau *23*, 42*, 75*
Triánda *51*, 59, 72, 92*
Tsambíka *51*, 52, 69, 91*
Türken *18–19, 24, 25, 31, 32, 33, 37, 41, 60, 62, 69, 70, 82*
Türkenviertel *23*, 37–40*
Türkische(r)
  Bäder *38*
  Basar *37, 40, 80*
  Bibliothek *23*, 37*
  Brunnen *30, 39*
  Friedhof *45, 46*

Volkstanz *70–73*

Wandern *9, 93–94*
Wein *88–89*